Inhalt

Inhalt

Inhalt

Vorwort

Projekt Sommer

Der Rhythmus der Jahreszeiten birgt für Kinder viele Erfahrungsmöglichkeiten. Hierzu gehören bunt gefärbte Bäume im Herbst ebenso wie frostige Tage im Winter oder duftende Frühlingswiesen. Selbst wenn in der Natur im Sommer keine großen Veränderungen stattfinden, so hält auch diese Jahreszeit mit ihren hohen Temperaturen, den wärmenden Sonnenstrahlen und den satten Farben viele Möglichkeiten für intensive Erlebnisse bereit. Daher gibt es in diesem Material zahlreiche Anregungen für Aktivitäten, die im Freien stattfinden oder zu Ausflügen einladen.

Die Kinder erkunden aber auch eine Bücherei und ihre nähere Umgebung, besuchen eine Kunstausstellung, einen Imker und ein Tierheim. Sie setzen sich auf vielfältige Weise mit Kunst auseinander und erstellen selbst Bilder in unterschiedlichen Techniken. Außerdem erfahren sie viel Interessantes über die Lebensweise von Honigbienen.

Mit Spielen im Freien können die Kinder vielfältige Bewegungserfahrungen machen, die für die motorische Entwicklung von großer Bedeutung sind. Eine Veranstaltung, wie z. B. ein Sportfest oder eine Ausstellung selbst gestalteter Bilder, bildet einen schönen Abschluss des Kindergartenjahrs.

Die Kapitel orientieren sich an den folgenden Bildungsbereichen:

* Sprache und Literacy
* Kreativität und Musik
* Forschen und entdecken
* Körper, Bewegung und Gesundheit
* Miteinander leben

Diese basieren auf den Bildungs- und Erziehungsplänen bzw. -empfehlungen für Elementarpädagogik der Bundesländer. Mithilfe der Aktivitäten und Aktivgeschichten können Sie gemeinsam mit den Kindern ein Sommerprojekt entwickeln und dabei die einzelnen Bildungsbereiche gezielt ansprechen. Ob dies nun ein großes Projekt wird oder mehrere kleine zu bestimmten Aspekten des Sommers – die Entwicklung des Projekts hängt ganz von den Fragen und Ideen der Kinder ab und wie Sie diese aufgreifen.

Informieren Sie die Eltern vorab über die Themen und dokumentieren Sie den Fortgang des Projekts. So erhalten die Eltern Einblicke in die Bildungsangebote und können feststellen, welche Kenntnisse und Kompetenzen ihre Kinder erwerben. Vielleicht möchten sich die Eltern an verschiedenen Aktivitäten beteiligen oder sogar eigene Ideen einfließen lassen. Von einem lebendigen und aufgeschlossenen Umgang mit der Projektarbeit profitieren Sie, die Kinder und die Eltern gleichermaßen.

Struktur der Kapitel

Die fünf Kapitel folgen alle dem gleichen Aufbau: Sie sind in Einleitung, Aktivgeschichte und Praxisseiten gegliedert.

Einleitung

Die Vorbemerkungen bieten eine kurze Einführung zum entsprechenden Bildungsbereich. Anschließend wird die Aktivgeschichte zusammengefasst und ihre Besonderheiten werden kurz erörtert. Danach folgt ein Überblick über die Praxisseiten und damit über die verschiedenen Aktivitäten und Materialangebote des Kapitels.

Aktivgeschichte

Kinder lieben es, Geschichten zu lauschen. Sie schlüpfen häufig in die Rollen der Figuren, die sie aus den Geschichten kennen, und leben deren Abenteuer nach oder variieren sie mit viel Fantasie. Diese Freude an der Identifikation und am Rollenspiel wird mit den Aktivgeschichten aufgegriffen. Sie sind inhaltlich auf den Bildungsbereich des jeweiligen Kapitels ausgerichtet und eignen sich als Einleitung und Impulsgeber für die nachfolgenden Aktivitäten. Einige Angebote sind direkt mit den Geschichten verknüpft. Auf diese Weise werden die Kinder motiviert, die Inhalte der Geschichten zu vertiefen. Je nachdem, welche Themen die Kinder gerade beschäftigen, können sich aus den Aktivgeschichten jedoch ganz unterschiedliche Fragestellungen und Aktivitäten ergeben. Die Praxisseiten sind deshalb als Ideensammlung zu verstehen, die jederzeit an die Interessenlage der Kinder angepasst werden kann.

Die Besonderheit der Aktivgeschichten liegt in der Verknüpfung von Sprache mit Bewegung, Gestik und Mimik. Die Kinder hören nicht nur zu, sondern beteiligen sich aktiv mit ihrem ganzen Körper an der Handlung. Dies erleichtert zum einen das Verständnis, zum anderen lernen die Kinder damit auch nonverbale Aspekte von Sprache und Kommunikation kennen. Und ganz nebenbei erweitern sie spielerisch ihren Wortschatz. Die Protagonisten der Geschichten eignen sich gut zur Identifikation: sei es die Turnschuhprinzessin, die sich ganz und gar nicht wie eine Prinzessin benehmen möchte, Dennis, der eine gute Idee hat, wie seine Kindergartengruppe dem Maler Tinto Pinto helfen kann, die Kinder der Blumensiedlung, die ein Sportfest veranstalten, damit sich ihre Eltern kennenlernen, oder Eva, Ole und Lukas, die einen kleinen Hund seiner Besitzerin zurückbringen.

Die Aktivgeschichten werden übersichtlich in zwei Spalten präsentiert: In der breiteren Innenspalte steht die Vorlesegeschichte; die Begriffe, die dargestellt werden, sind fett gedruckt. In der Außenspalte finden sich die dazu passenden Bewegungen und Äußerungen. Die Kinder fallen während des Vorlesens nach und nach in Ihre Darstellung mit ein. Die Aktivgeschichten können im Morgenkreis mit der ganzen Gruppe gelesen und gespielt werden. In ihrem eigenen Tempo wirken die Kinder an den Geschichten mit. Jüngere beteiligen sich zunächst vielleicht noch etwas zögerlich, beim wiederholten Lesen werden sie aber zunehmend aktiver. Bei der Erprobung der Aktivgeschichten in der Praxis hat sich gezeigt, dass die Kinder viele Gesten rasch verinnerlichen. Sie können die Geschichten auch den Reaktionen der Kinder entsprechend variieren.

Praxisseiten

Schwerpunkt der Aktivitäten auf den Praxisseiten ist der jeweilige Bildungsbereich des Kapitels. Die Angebote können einzeln herausgegriffen, aber auch miteinander kombiniert und aufeinander aufbauend verwendet werden. Die Verzahnung von verschiedenen Aktivitäten ermöglicht den Kindern ganzheitliches Lernen. Anschaulichkeit und die Möglichkeit zum selbstständigen Experimentieren sind dabei besonders wichtig. Alle Aktivitäten fördern sowohl den Wortschatz als auch das Sachwissen der Kinder.

Eine übersichtliche Randspalte gibt Auskunft über das Thema und die Kompetenzbereiche, angrenzende Bildungsbereiche, die empfohlene Anzahl der beteilig-

ten Kinder, den Schwierigkeitsgrad, die nötige Vorbereitungszeit und mögliche Dauer sowie die benötigten Materialien. Soweit nicht anders gekennzeichnet, bezieht sich die Vorbereitungszeit auf das Zusammenstellen des Materials.

Um die Aktivitäten einzuleiten, bietet es sich an, im Morgenkreis mit der ganzen Gruppe das Vorhaben zu besprechen. So können die Kinder sich entscheiden, an welchen Aktivitäten sie sich beteiligen möchten, oder selbst Vorschläge äußern. Die meisten Angebote eignen sich für interessierte Kinder in Kleingruppen. Einige andere, wie Kreisspiele, Bewegungsspiele und Ausflüge, sind für die ganze Gruppe gedacht.

Eine besondere Stellung nehmen die Kinderseiten ein: Sie eignen sich besonders für 5- bis 6-Jährige. Diese Seiten werden kopiert und die Kinder können sie dann weitgehend eigenständig bearbeiten.

Eine weitere Besonderheit sind die Infoseiten, auf denen wir Ihnen viele Hintergrundinformationen zu zentralen Themen an die Hand geben.

Schließlich gibt es noch Gestaltungsvorlagen, die ebenfalls kopiert werden können. Der „Laute-Würfel" und zahlreiche Bildkarten dienen als Material für verschiedene Sprach- und Wortspiele. Die „Richtungspfeile" und der „Spielplan" gehören zum Spiel mit Richtungen. Die Vorlagen „Honigbiene", „Haus" und „Hochhaus" erleichtern das Gestalten einer Biene und des Schachteldorfs, die „Gefühlskarten" dienen als Gesprächsanlass und können für ein Memory verwendet werden.

Ein krönender Abschluss für das Projekt kann ein Frühlingsfest oder ein Frühstück sein. Dabei stellen die Kinder die entstandenen Kunstwerke aus und sind vielleicht mit einem Frühlingslied, dem Frühlingstanz und ihren selbst gemachten Speisen als Gastgeber aktiv.

Wir wünschen Ihnen und den Kindern viel Spaß im Sommer!

Yvonne Wagner und Barbara Peters

Sprache und Literacy

Vorbemerkungen

Sprache ist unser zentrales Kommunikationsmittel. Unterstützt durch gestischen und mimischen Ausdruck, bringen wir nicht nur unsere Gefühle, Wünsche, Bedürfnisse und unser Wissen zum Ausdruck, sondern erlangen durch Sprache Orientierung und Teilhabe am gesellschaftlichen und kulturellen Leben. Sprachkompetenz ist eine Schlüsselqualifikation, die wir in aktiver Auseinandersetzung mit unserer Umwelt erwerben und erweitern. In der frühen Kindheit basieren alle weiteren Lernprozesse auf einer gelungenen Ausdifferenzierung unserer Sprachfähigkeit. Ein gut ausgebildetes Sprachvermögen ist damit grundlegend für eine optimale geistige und seelische Entwicklung und ebenso für das spätere Erlernen von Schriftsprache und Fremdsprachen.

Kinder besitzen ein ganz natürliches Bedürfnis, ihr Sprachvermögen zu erproben und zu erweitern. Sie lieben es, Geschichten zu erzählen und Sachverhalte, die sie kennengelernt haben, zu erörtern. Sie haben Freude an einem spielerischen Umgang mit Begriffen und Satzstrukturen. Außerdem mögen sie die Wiederholung und den Rhythmus von Wörtern und Texten. Auf diese Weise verinnerlichen sie den erlernten Wortschatz und erfahren ihn als Teil ihrer Erlebniswelt.

Das Kapitel „Sprache und Literacy" nimmt daher eine besondere Stellung innerhalb des Materials ein. Es möchte die Freude an Sprache spielerisch unterstützen und zugleich das Sprechvermögen der Kinder erweitern. Verschiedene Spiele und gestalterische Aktivitäten bieten dafür zahlreiche motivierende Sprechanlässe. Die Kinder können ihre Erzählfähigkeit aktiv weiterentwickeln, ihre Hörfähigkeit schulen und Möglichkeiten differenzierter Ausdrucksweisen kennenlernen. Diese Erfahrungen sind nicht nur für ihre Sprachentwicklung von Bedeutung, sondern ebenso für ihre Persönlichkeitsentfaltung und die Entwicklung individueller Interessen.

Aktivgeschichte

In der Aktivgeschichte lernen die Kinder eine Prinzessin kennen, die mit ihren Freunden nichts lieber macht als Fußball spielen, schwimmen und in Kirschbäume klettern – also nur Dinge, die sich für eine Prinzessin eigentlich nicht gehören. Die Hofdame Adelgunde findet ihr Benehmen unmöglich und nennt sie deswegen abfällig „Turnschuhprinzessin". Adelgunde, deren Lieblingsbeschäftigung Lesen ist, beschließt eines Tages, dem Treiben ein Ende zu setzen. Sie stellt überall Verbotsschilder auf: Von nun an ist es untersagt, Fußball zu spielen, im See zu schwimmen und in Kirschbäume zu klettern. Die Prinzessin und ihre Freunde ärgern sich über die Verbote, lassen sich aber nicht einschüchtern und fassen einen Plan: Am folgenden Tag findet die Hofdame überall Schilder, die das Lesen verbieten. Adelgunde kann ihrer Lieblingsbeschäftigung nicht mehr nachgehen. Die Kinder machen ihr einen Vorschlag: Adelgunde sammelt all ihre Schilder wieder ein, im Gegenzug soll auch Lesen wieder erlaubt sein. Die Hofdame geht auf den Vorschlag ein und jeder darf wieder tun, was er am liebsten mag.

Die Prinzessin, die lieber ausgelassen tobt und spielt als fein gekleidet still auf dem Sofa zu sitzen, bietet eine ideale Identifikationsfigur für die Kinder. Die Geschichte kann somit zum Anlass genommen werden, über das eigene Freizeitverhalten zu sprechen. Ein weiterer wichtiger Aspekt sind die Verbotsschilder, mit denen auf non-verbale Art Informationen übermittelt werden, die man versteht, auch wenn man noch nicht lesen kann. Anschließend greift das Material dieses Kapitels unterschiedliche Aspekte der Geschichte auf und bietet so vielfältige Möglichkeiten, die sprachlichen Kompetenzen der Kinder weiter auszubauen.

Praxisseiten

Das Angebot „Schilder" (S. 14) knüpft direkt an einen zentralen Aspekt der Aktivgeschichte an: Ausgehend von der Geschichte entwickelt sich ein Gespräch zum Thema Ver- und Gebote und die Kinder gestalten selbst Schilder. Auch das Fingerspiel (S. 15) nimmt direkt Bezug auf die Aktivgeschichte und schult die Koordination von Bewegung und Sprache. Die Seiten 16 und 17 regen die Fantasie der Kinder an und erweitern ihren Wortschatz. Ein gemeinsamer Besuch der Bücherei (S. 18) regt die Kinder zur Beschäftigung mit Büchern an.

Die Seiten 19–26 bieten verschiedene Möglichkeiten, um das Sprechvermögen und die Sprachkompetenz der Kinder zu erweitern. Das bekannte und beliebte Lied „Drei Chinesen mit dem Kontrabass" (S. 20) sowie das Spiel „Stille Post" (S. 22) dienen der spielerischen Schulung der auditiven Wahrnehmung. Auf Seite 23 lernen die Kinder mit der Zusammensetzung von Wörtern ein Wortbildungsverfahren kennen und erfinden selbst „Lange Wörter". Die Bildkarten der Seiten 24 und 25 unterstützen die Kinder dabei und regen zusätzlich die Fantasie an. Die „Zungenbrecher" (S. 26) und das Spiel „Silben klatschen" (S. 27) zeigen, wie sehr unsere Sprache von Melodie und Rhythmus geprägt ist. Die Angebote der Seiten 28–33 greifen die Sprechfreude der Kinder auf und dienen der Wortschatzerweiterung.

Aktivgeschichte: Die Turnschuhprinzessin

Es war einmal eine Prinzessin, die hatte alles,
was ihr Herz begehrte:

nach imaginärem Ball treten · einen Fußballplatz zum **Fußball spielen**
Arme hochreißen, „Tor!" rufen · und **Tore schießen**,
Schwimmbewegungen machen · einen riesigen, tiefen See zum **Schwimmen**
Nase zuhalten, in die Hocke · und **Tauchen**,
gehen

Kletterbewegungen machen · und mehrere große Kirschbäume zum **Klettern**
eine imaginäre Kirsche in den · und **Kirschen naschen**.
Mund stecken, kauen, Kern
ausspucken

Die Prinzessin hatte mit ihren Freunden, dem kleinen Grafen
und der kleinen Fürstin, viel Spaß.

Die Hofdame Adelgunde aber fand das überhaupt nicht lustig.
Sie ärgerte sich über die Prinzessin und schimpfte: „Du bist gar
keine richtige Prinzessin! Du – du – du –Turnschuhprinzessin!"
Die Hofdame meinte nämlich, dass eine echte Prinzessin
niemals Turnschuhe tragen,
nach imaginärem Ball treten · niemals **Fußball spielen**
Arme hochreißen, „Tor!" rufen · und niemals **Tore schießen** durfte.
Echte Prinzessinnen sollten in feinen Kleidern und Lackschuhen
auf dem Sofa sitzen und sticken.
Schwimmbewegungen machen · Und natürlich sollte eine richtige Prinzessin auch nicht **schwimmen**
Nase zuhalten, in die Hocke · und **tauchen**,
gehen

sondern stattdessen mit einer goldenen Haarbürste
ihre feinen Locken bürsten.

Auf jeden Fall aber fand Adelgunde,
dass es für eine echte Prinzessin absolut verboten war,
in Kirschbäume zu **klettern**,
Kirschen zu naschen

Kletterbewegungen machen
eine imaginäre Kirsche in den
Mund stecken, kauen
Kern ausspucken

und **Kirschkerne** durch die Gegend **zu spucken**.

Die Prinzessin und ihre beiden Freunde kümmerten sich nicht
um die Hofdame Adelgunde.
Sie taten jeden Sommer, was ihnen Spaß machte:
Sie zogen ihre Turnschuhe und geflickte, alte Hosen an
und rannten zum Fußballplatz,
um **Fußball zu spielen**
und **Tore zu schießen**.

nach imaginärem Ball treten
Arme hochreißen, „Tor!" rufen

Sie schnappten sich ihre Badesachen und liefen zum See,
um zu **schwimmen**
und zu **tauchen**.

Schwimmbewegungen machen
Nase zuhalten, in die Hocke
gehen

Und sie **kletterten** in die Kirschbäume,
naschten von den süßen **Kirschen**

Kletterbewegungen machen
eine imaginäre Kirsche in den
Mund stecken, kauen
Kern ausspucken

und **spuckten die Kirschkerne** durch den Schlossgarten.

Wenn die Hofdame Adelgunde ihnen hinterherlief und schimpfte,
lachte die Prinzessin nur
und rief: „Ich bin gerne eine Turnschuhprinzessin!"

Da beschloss Adelgunde, große Verbotsschilder aufzustellen.

Am Rand des Fußballplatzes brachte sie ein Schild an,
auf dem ein Fußball abgebildet war,
der mit einem dicken roten Kreuz durchgestrichen war.
Das hieß: **„Fußball spielen verboten!"**

mitsprechen

Dann malte Adelgunde viele Kinder, die im See schwammen
und tauchten, und strich sie mit roter Farbe durch.
Das hieß: **„Schwimmen und Tauchen verboten!"**
Dieses Schild nagelte die Hofdame am Ufer des Sees
an einen Baum.

mitsprechen

Zum Schluss malte Adelgunde eine Prinzessin in einem Kirschbaum und strich sie durch.
Das hieß: **„Klettern verboten!"**
Die Hofdame hängte das letzte Schild
an den größten Kirschbaum im Schlossgarten.

mitsprechen

Sprache und Literacy

gefaltete Hände als imaginäres Buch aufklappen, lesen
gefaltete Hände als imaginäres Buch aufklappen, lesen

Dann holte sie ein spannendes Buch aus der Bibliothek und setzte sich im Garten auf eine Bank um zu **lesen**.

Lesen war nämlich Adelgundes Lieblingsbeschäftigung.

nach imaginärem Ball treten
Arme hochreißen, „Tor!" rufen

Als die Turnschuhprinzessin mit ihren Freunden aus dem Schloss kam, um **Fußball zu spielen** und **Tore zu schießen**, sah sie als Erstes das neue Schild am Fußballplatz. „Oh!", sagte sie und betrachtete den rot durchgestrichenen Fußball.

mitsprechen

„So etwas Dummes! Hier ist **Fußball spielen verboten**!"

Schwimmbewegungen machen
Nase zuhalten, in die Hocke gehen

„Dann gehen wir zum See und **schwimmen** und **tauchen**", rief der kleine Graf.

Doch als die Kinder dort ankamen, entdeckten sie das Schild, das Adelgunde aufgestellt hatte: Kinder, die schwammen und tauchten und – durchgestrichen waren! „Oh nein!", rief die Turnschuhprinzessin.

mitsprechen

„Hier ist **Schwimmen und Tauchen verboten**!" Die Prinzessin und ihre Freunde seufzten.

„Na gut", sagte die kleine Fürstin.

Kletterbewegungen machen
eine imaginäre Kirsche in den Mund stecken, kauen
Kern ausspucken

„Dann **klettern** wir eben in die Kirschbäume und **naschen** süße **Kirschen**."

„Jawohl!", rief die Prinzessin. „Und **spielen Kirschkern-Weitspucken**!" Im Schlossgarten blieben alle stehen und starrten auf das Schild, das an dem größten Kirschbaum hing: eine durchgestrichene Prinzessin in einem Kirschbaum!

mitsprechen

„Oh weh!", riefen die Kinder. „Hier ist **Klettern verboten**!"

„Das war Adelgunde!", sagte die Turnschuhprinzessin. „Da bin ich mir ganz sicher!" „Genau!", riefen der kleine Graf und die kleine Fürstin. „Das war die Hofdame – wer denn sonst!" „Das lassen wir uns nicht gefallen!", sagte die Prinzessin und schon begannen die Kinder zu flüstern und zu tuscheln, zu kichern und zu lachen. Dann liefen sie schnell ins Schloss, in den königlichen Malsaal.

gefaltete Hände als imaginäres Buch aufklappen, lesen

Als Adelgunde am nächsten Tag mit ihrem Buch wieder in den Garten ging, um dort auf der Bank im Sonnenschein zu **lesen**,

erschrak sie sehr:

Neben der Bank stand ein Schild, auf dem ein aufgeschlagenes Buch abgebildet war. Und dieses Buch war mit einem dicken roten Kreuz durchgestrichen. „Was?", rief Adelgunde. „Seit wann ist denn hier **Lesen verboten**?"	*mitsprechen*
So schnell sie konnte, lief die Hofdame hinunter zu der Bank am See. Sie wollte sich schon zum **Lesen** hinsetzen,	*gefaltete Hände als imaginäres Buch aufklappen, lesen*
als sie das Verbotsschild sah, das jemand an die Bank genagelt hatte: Ein durchgestrichenes Buch. „Das gibt es doch nicht!", murmelte Adelgunde. „Hier ist auch **Lesen verboten**!"	*mitsprechen*
Wohin Adelgunde mit ihrem Buch auch lief, überall fand sie die gleichen Schilder. Überall war auf einmal **Lesen verboten**. Nirgends durfte die Hofdame mehr **lesen**!	*mitsprechen* *gefaltete Hände als imaginäres Buch aufklappen, lesen*
Wie schrecklich! Adelgunde ließ traurig den Kopf hängen.	
Plötzlich tippte ihr jemand von hinten auf die Schulter. Es war die Turnschuhprinzessin. „Wenn du alle deine Schilder wieder einsammelst, dann räumen wir unsere Schilder auch weg", sagte die Prinzessin. „Und dann darf ich wieder in aller Ruhe mein spannendes Buch **lesen**?", fragte die Hofdame.	*gefaltete Hände als imaginäres Buch aufklappen, lesen*
„Na klar!", riefen die Kinder. „Und wir dürfen wieder **Fußball spielen** und **Tore schießen**, **schwimmen** und **tauchen**	*nach imaginärem Ball treten* *Arme hochreißen, „Tor!" rufen* *Schwimmbewegungen machen* *Nase zuhalten, in die Hocke gehen*
und in die Kirschbäume **klettern**, **Kirschen naschen**	*Kletterbewegungen machen* *eine imaginäre Kirsche in den Mund stecken, kauen*
und die **Kerne ausspucken**!"	*Kern ausspucken*
Genauso machten sie es. Die Hofdame Adelgunde, die Turnschuhprinzessin und ihre Freunde räumten alle Verbotsschilder weg. Und wenn sie nicht gestorben sind, dann lesen und schwimmen, tauchen und klettern sie noch heute. Und Fußball spielen sie natürlich auch immer noch.	

Sprache und Literacy

Thema:
Gebote und Verbote

Kompetenzbereiche:
Symbole deuten,
Kreativität entfalten

**Angrenzender
Bildungsbereich:**
Kreativität und Musik

Kinder:
2–4

Schwierigkeitsgrad:
★★☆☆☆

Vorbereitung:
5 Min.

Aktivität:
30 Min.

Material:
runde, drei- und viereckige
Pappschilder in unterschiedlichen Größen, Buntstifte

Schilder

Wie in der Aktivgeschichte findet man in der Umgebung viele Schilder, die mit Schrift oder Bildern (Symbolen) etwas anordnen, verbieten oder auf etwas hinweisen. Kinder, die noch nicht lesen können, beachten sie häufig gar nicht. Doch mithilfe dieser Schilder können Kinder oder auch Menschen, die eine andere Sprache sprechen, erfahren, was sie tun müssen oder nicht tun dürfen.

So geht's:

- Wiederholen Sie mit den Kindern in einem einführenden Gespräch den Inhalt der Aktivgeschichte. Dabei sollten besonders die Verbotsschilder im Mittelpunkt stehen.

- Regen Sie die Kinder an, über Schilder genauer nachzudenken. Dazu können Sie folgende Impulsfragen stellen:

  – Wo kann man Schilder finden? (Straßenverkehr, Bahnhof, öffentliche Gebäude)

  – Wo habt ihr schon einmal Verbotsschilder gesehen?

  – Wie sehen Verbotsschilder aus? Haben sie eine typische Farbe und Form?

  – Welche Verbotsschilder kennt ihr? Was bedeuten sie?

  – Gibt es auch Schilder, die etwas erlauben oder sogar anordnen?

  – Wie sehen Gebotsschilder aus? Haben sie auch eine typische Farbe und Form?

- Klären Sie die Begriffe „Gebot" und „Verbot".

- Schlagen Sie den Kindern vor, selbst Schilder für den Kindergarten herzustellen.

- Die Kinder überlegen, worauf sie hinweisen könnten. Dafür können sie sich z. B. in die Lage eines Besuchers versetzen, der sich nicht auskennt. Stellen Sie eine Liste zusammen, z. B. „Nicht mit Schuhen betreten" oder „Schlafraum".

- Überlegen Sie gemeinsam, welche Symbole die Gebote und Verbote darstellen sollen. Lassen Sie die Kinder Skizzen dazu machen.

- Stellen Sie zunächst als Beispiel gemeinsam ein Schild für die Leseecke her. Im Gegensatz zur Aktivgeschichte gibt es hier den Hinweis „Lesen erlaubt!".

- Auf die vorbereiteten Pappschilder zeichnen die Kinder ihre Bilder, die symbolisch für einen Begriff stehen, gestalten sie farbig und streichen sie ggf. durch.

- Für Wegweiser können sich die Kinder an Verkehrszeichen orientieren. Dafür machen sie entweder einen kleinen Ausflug oder schauen z. B. im Internet oder in Büchern nach.

- Die fertiggestellten Schilder werden nun im Kindergarten gemeinsam angebracht. Dabei sollte nochmals überprüft werden, ob die Bedeutung der Schilder klar ist.

Die kleine Prinzessin

Fingerspiele schulen die Sprechfähigkeit, unterstützen das Wortverständnis und trainieren die Koordination von Sprechen und Bewegen. Anknüpfend an die Aktivgeschichte führen die Kinder passende Fingerbewegungen durch. Wenn die Kinder das Fingerspiel täglich wiederholen, verinnerlichen sie es und können es rasch mitsprechen.

Schaut einmal die kleine Prinzessin an.	mit dem rechten Zeigefinger wackeln
Sie will gerne Kirschen essen.	mit einer Hand den Bauch reiben
Sie klettert den Baum hinauf	mit Zeigefinger und Mittelfinger der rechten Hand den linken Arm nach oben krabbeln
und zupft viele Kirschen ab.	mit Zeigefinger und Daumen in die Luft greifen („Pinzettengriff") und imaginäre Kirschen pflücken
Schnell klettert sie den Baum hinab	mit Zeigefinger und Mittelfinger der rechten Hand den linken Arm nach unten krabbeln
und isst alle Kirschen auf.	mit Zeigefinger und Daumen imaginäre Kirschen nehmen und in den Mund stecken
Mmmh, schmecken die gut!	mit einer Hand den Bauch reiben

Thema:
Geschichten

Kompetenzbereiche:
Wortschatz erweitern,
Erzählfähigkeit entwickeln,
Fantasie entfalten

**Angrenzender
Bildungsbereich:**
Kreativität und Musik

Kinder:
4–6

Schwierigkeitsgrad:
★ ★ ★ ☆ ☆ ☆

Vorbereitung:
–

Aktivität:
20 Min.

Material:
ggf. Papier und Buntstifte

Fantasiegeschichte

Der Anfang der Aktivgeschichte ist als Anlass für eigenes Erzählen gut geeignet. Ab etwa vier Jahren können die Kinder allmählich beginnen, selbst Geschichten zu erfinden.

So geht's:

- Erzählen Sie nochmals den Anfang der Aktivgeschichte. Verändern Sie den Text jedoch wie folgt, damit er die Kinder zum Weitererzählen anregt:

> Es war einmal eine Prinzessin,
> die hatte alles, was ihr Herz begehrte:
> einen Fußballplatz zum Fußball spielen und Tore schießen,
> einen riesigen, tiefen See zum Schwimmen und Tauchen
> und mehrere große Kirschbäume zum Klettern und Kirschen naschen.
> Eines Tages saß sie wieder mal in einem ihrer Kirschbäume
> und spuckte Kerne in die Wiese.
> Da sah sie ganz hinten, weit hinter den Sonnenblumenfeldern,
> ein helles blaues Licht …

- Jetzt ist es an der Zeit, die Kinder weitererzählen zu lassen. Bitten Sie sie, nacheinander zu erzählen und sich gegenseitig ausreden zu lassen.

- Unterstützen Sie die Kinder beim Erzählen, wenn sie nicht weiterwissen, ggf. mit gezieltem Nachfragen, z. B.: „Wie fühlt sich das wohl an?"

Variante:

Statt die Kinder erzählen zu lassen, zeichnen oder malen sie die Fortsetzung der Geschichte auf ein großes Blatt Papier. Anschließend erläutern sie, was sie gemalt haben und warum sie es gemalt haben.

Tipp:

Lassen Sie sich zum selbstständigen Weitererzählen selbst einen Geschichtenanfang einfallen. Alternativ können Sie dafür auch den Anfang eines Kinderbuchs verwenden.

Rollenspiel mit Tütenpuppen

Im Rollenspiel verarbeiten die Kinder Geschichten spielerisch und verinnerlichen die Inhalte. So können sie die Aktivgeschichte oder einzelne Szenen daraus mit selbst gestalteten Papiertütenpuppen nachspielen.

So geht's:

- Erzählen Sie den Kindern nochmals die Aktivgeschichte. Wenn eine Figur, wie z. B. die Turnschuhprinzessin oder die Hofdame Adelgunde, spricht, verstellen Sie jeweils Ihre Stimme und bewegen dabei Ihre Finger, als hätten Sie eine Handpuppe. Auf diese Weise haben die Kinder das Gefühl, sie hören mehreren Figuren zu.

- Wenn die Kinder nicht schon selbst den Impuls geben, schlagen Sie vor, Handpuppen zu gestalten, um damit die Geschichte zu spielen.

- Jedes Kind erhält eine Papiertüte, die über die Hand gestülpt werden kann.

- Die Kinder überlegen, wer sie gerne sein wollen und ob das Gesicht lachen oder traurig aussehen soll. Dann bemalen sie die Tüte mit einer Grundfarbe und zeichnen das Gesicht darauf.

- Für die Haare schneiden sie Wolle in gleich lange Stücke und kleben diese Fäden nebeneinander.

- Typische Merkmale der einzelnen Figuren sollten herausgearbeitet werden, z. B. kann die Turnschuhprinzessin eine kleine Krone aus Tonpapier bekommen und Adelgunde eine Lesebrille aus Pfeifenputzern oder Draht.

- Jedes Kind stülpt seine fertige Tütenpuppe über die Hand und stellt sie vor.

- Mit einer weiteren Tütenpuppe können Sie den Handpuppen der Kinder gezielt Fragen stellen und so Gespräche anregen. Versuchen Sie, daraus ein interaktives Rollenspiel zu entwickeln, indem Sie auf die Geschichte verweisen und z. B. sagen: „Prinzessin, wollen wir uns ein paar Kirschen vom Baum holen?"

Variante:

Kinder ab etwa fünf Jahren können Kleingruppen bilden und sich eine kleine Geschichte ausdenken, die sie anschließend mit Tütenpuppen vorspielen.

Tipps:

- Größere Papiertüten bzw. Papier-Tragetaschen eignen sich für maskenartige Verkleidungen. Sie werden in gleicher Weise wie die Handpuppentüten bemalt und mit Wollfäden beklebt, nur anschließend über den Kopf gestülpt. Damit die Kinder sehen können, genug Luft bekommen und gut zu verstehen sind, müssen sie Löcher für die Augen, die Nase und den Mund einschneiden.

- Weisen Sie die Kinder unbedingt darauf hin, dass sie dieses Spiel auf gar keinen Fall mit Plastiktüten nachahmen dürfen, da hier die Gefahr des Erstickens besteht!

Thema:
Inhalte der Aktivgeschichte

Kompetenzbereiche:
Rollenspiel erleben, Wortschatz erweitern, Kreativität entfalten

Angrenzender Bildungsbereich:
Kreativität und Musik

Kinder:
6 – 10

Schwierigkeitsgrad:
★ ★ ☆ ☆ ☆

Vorbereitung:
5 Min.

Aktivität:
30 Min.

Material:
Wachsmalkreiden, Wolle, Klebstoff, ggf. Tonkarton, Pfeifenputzer oder Draht

Material pro Kind:
eine unbedruckte Frühstückstüte aus Papier, Schere

Thema:
Bücher

Kompetenzbereiche:
Buchstaben und Symbole
verknüpfen, Selbstständigkeit
und Leselust entwickeln

**Angrenzende
Bildungsbereiche:**
Forschen und entdecken,
Miteinander leben

Kinder:
6–10

Schwierigkeitsgrad:
★ ★ ☆ ☆ ☆

Vorbereitung:
5 Min.

Aktivität:
60 Min.

Material:
Notizblatt und Bleistift

Wir besuchen die Bücherei

Lesen ist in der Aktivgeschichte Adelgundes Lieblingsbeschäftigung
und sicher gibt es im Kindergarten ebenfalls zahlreiche Bücher. Doch
nicht immer ist das passende Buch vorhanden, wenn die Kinder bei der
Beschäftigung mit einem Thema mehr darüber erfahren wollen. Das kann
der Anlass für einen gemeinsamen Besuch in der örtlichen Bücherei sein,
bei dem die Kinder erfahren, wie man sich Informationen beschaffen und
weitere Bücher kennenlernen kann.

Sprechen Sie den Besuchstermin mit dem Personal der Bücherei rechtzeitig ab, damit es sich für die Kinder Zeit nehmen kann.

So geht's:

- Regen Sie ausgehend von der Aktivgeschichte ein Gespräch zum Thema
  Bücher an. Inhalte sollten sein:

  – Was ist typisch für ein Buch? Was kann darin enthalten sein?

  – Wo bekommt man Bücher?

  – Gibt es in der Nähe eine Buchhandlung oder eine Bücherei?

  – Welchen Vorteil im Vergleich zur Buchhandlung hat die Bücherei?

- Bitten Sie die Kinder, Vorschläge zu machen, was sie gerne aus Büchern
  wissen möchten. Die Fragen können sich auf ein gemeinsames Thema
  oder auf individuelle Interessen beziehen.

- Lassen Sie die Kinder selbstständig eine Liste mit einfachen, selbstge-
  wählten Bildsymbolen erstellen, zu welchen Themen die Gruppe Bücher
  ausleihen möchte.

- Der Besuch der Bücherei soll den Kindern Freude machen. Planen Sie
  daher ausreichend Zeit ein, damit die Kinder sich in Ruhe umsehen können.

- Erarbeiten Sie mit den Kindern Regeln für den Aufenthalt in der Bücherei,
  z. B.: Wir bleiben alle im Haus. Niemand läuft allein hinaus. Wenn jemand
  zur Toilette muss, sagt er Bescheid. Wir gehen mit den Büchern vorsichtig um. Wir verhalten uns leise, damit die anderen in Ruhe lesen können.
  Wir gehen langsam oder setzen uns hin.

- In der Bücherei verwenden die Kinder nun selbstständig ihre Liste, um die
  gewünschten Bücher zu finden. Sie sollen angeregt werden, das Personal
  oder Sie um Hilfe zu bitten und sich gegenseitig zu helfen.

- Die Kinder sammeln die Bücher an einem vorgegebenen Ort. Sie verfol-
  gen die Ausleihe (z. B. Benutzerausweis, Scannen der Bücher, Rückgabe-
  termin) mit, damit sie die Abläufe kennenlernen.

- Im Kindergarten sollten die Bücher einen besonderen Platz, z. B. in einer
  Büchereikiste, bekommen.

- Achten Sie auf die termingerechte und vollständige Rückgabe der Bücher
  und wiederholen Sie den Besuch evtl. mit einer anderen Kindergruppe.

Tipp:

Vielleicht wollen einzelne Kinder auch mit ihren Eltern Bücher ausleihen.
Nehmen Sie Infoblätter mit, um sie den Eltern zur Verfügung zu stellen.

Singen nach Lauten

Für manche Kinder ist das exakte Sprechen von Lauten eine große Herausforderung, während es für andere überhaupt kein Problem darstellt. Laute
lassen sich besonders gut mit dem Singen von Liedern üben, da Melodie
und Rhythmus die Konzentration und die Merkfähigkeit unterstützen.
Besonders gut sind dafür einfache, bekannte Kinderlieder geeignet, die eine
eingängige Melodie und einen gleichmäßigen Rhythmus haben.

So geht's:

* Setzen Sie sich mit den Kindern auf dem Boden in einen Kreis.

* Rufen Sie nochmals die Aktivgeschichte und die darin vorkommenden
  Figuren in Erinnerung: die Turnschuhprinzessin, die strenge Hofdame
  Adelgunde, den kleinen Grafen und die kleine Fürstin.

* Erzählen Sie den Kindern Folgendes:

> Heute haben sich die Turnschuhprinzessin, der kleine Graf
> und die kleine Fürstin unter einem Kirschbaum getroffen.
> Sie singen zusammen lustige Lieder.
>
> Dann steckt sich der kleine Graf gleich drei Kirschen auf einmal
> in den Mund und singt ein neues Lied.
> Die anderen verstehen ihn kaum.
> Es klingt wie „Dro Chonoson mot dom Kontroboss".

* Vielleicht kennen die Kinder das Lied bereits, das der kleine Graf singt.
  Schlagen Sie vor, das Lied zusammen zu singen, und üben Sie es mit den
  Kindern.

* Nun legen Sie den Laute-Würfel in die Mitte. Die Namen der Abbildungen
  beginnen jeweils mit dem angegebenen Laut.

* Ein Kind würfelt, nennt die Abbildung und den dazu gehörenden Anfangslaut. Wenn der Würfel das Smiley-Gesicht zeigt, dann darf sich das Kind
  einen Laut aussuchen.

* Alle Kinder singen das Lied auf den gewürfelten Laut, also z. B. bei A
  „Dra Chanasan mat dam Kantrabass …".

* Nun würfelt ein anderes Kind und wieder singen alle.

Tipp:

Lassen Sie die Kinder weitere Laute zum Singen finden. Folgende Laute
sind möglich: Ä, Ö, Ü, AU, EI und EU.

Varianten:

* Die Kinder sprechen und/oder beantworten Fragen, indem sie nur den
  gewürfelten Laut verwenden.

* Jedes Kind sagt einen Satz mit dem gewürfelten Laut, in dem es sich
  vorstellt, z. B.: „Och bon dor Bonjomon." oder „Uch hußu Lunu.".

Thema:
Laute sprechen

Kompetenzbereiche:
Sprechfreude und auditive
Wahrnehmung weiter-
entwickeln, Symbole deuten

**Angrenzender
Bildungsbereich:**
Kreativität und Musik

Kinder:
6–10

Schwierigkeitsgrad:
★ ★ ★ ★ ☆ ☆

Vorbereitung:
5 Min. (Laute-Würfel herstellen)

Aktivität:
10–15 Min. (nach Belieben)

Material:
„Drei Chinesen mit dem
Kontrabass" (S. 20), Laute-
Würfel (S. 21), Buntstifte,
Schere, Klebstoff

Sprache und Literacy

Drei Chinesen mit dem Kontrabass

Text und Musik: volkstümlich

1. Drei Chinesen mit dem Kontrabass
saßen auf der Straße und erzählten sich was.
Da kam die Polizei: „Ja, was ist denn das?"
Drei Chinesen mit dem Kontrabass.

2. Dra Chanasan mat dam Kantrabass
saßan af dar Straßa and arzahltan sach was.
Da kam da Palaza: „Ja, was ast dann das?"
Dra Chanasan mat dam Kantrabass.

3. Dre Chenesen …

4. Dri Chinisin …

5. Dro Chonoson …

6. Dru Chunusun …

Folgende Lieder eignen sich ebenfalls für das Spiel mit dem Laute-Würfel:
• Was müssen das für Bäume sein
• Trarira, der Sommer der ist da!

Gestaltungsvorlage: Laute-Würfel

Kopieren Sie die Vorlage auf dickeres Papier oder kleben Sie sie auf Karton. Die Kinder können die Illustrationen farbig anmalen. Schneiden Sie die Vorlage aus, ritzen Sie die Faltkanten etwas ein und kleben Sie den Würfel an den Klebelaschen zusammen.

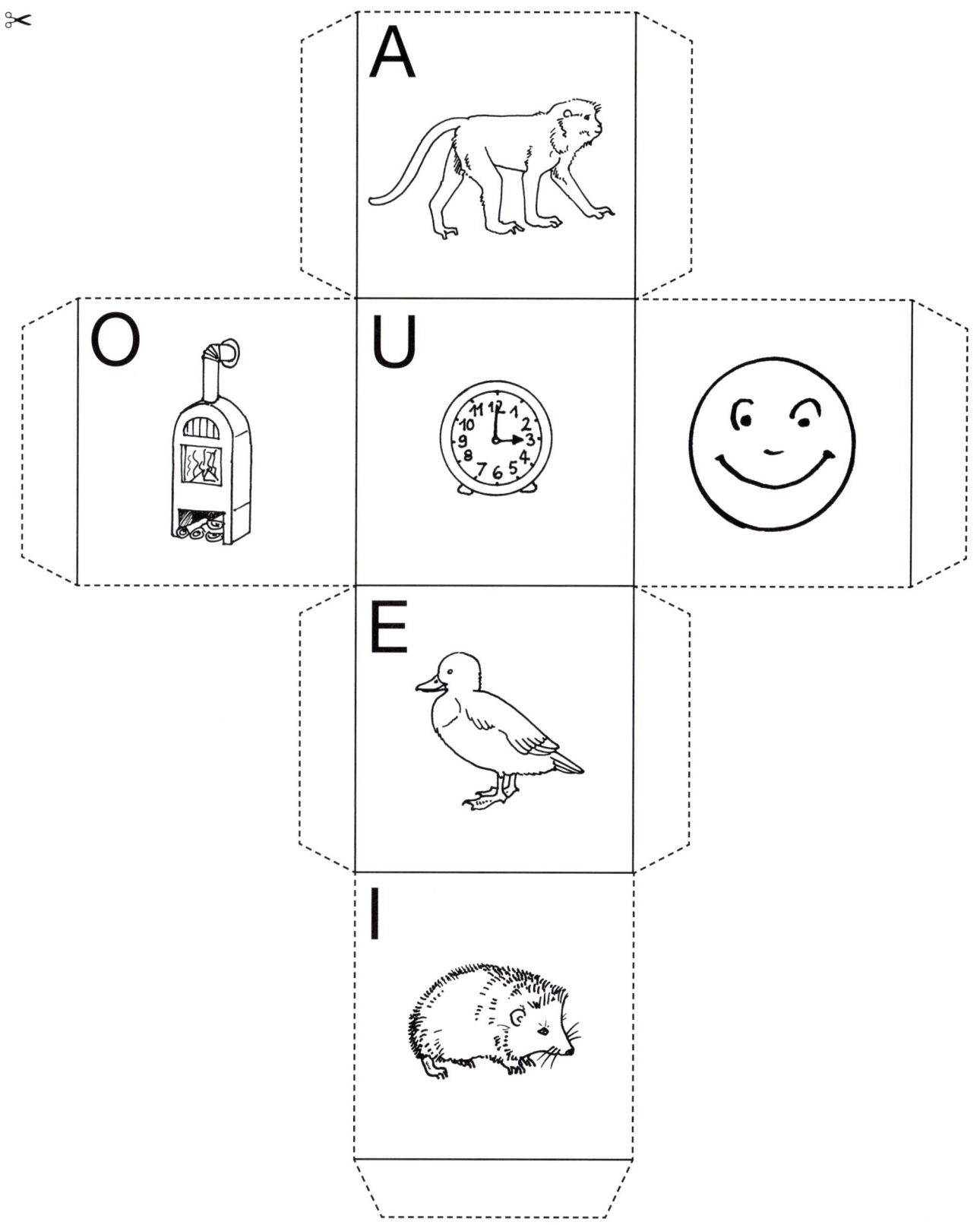

Sprache und Literacy

Thema:
Kommunikation

Kompetenzbereiche:
Sprechvermögen und
auditive Wahrnehmung
weiterentwickeln

**Angrenzender
Bildungsbereich:**
Kreativität und Musik

Kinder:
6–10

Schwierigkeitsgrad:
★ ☆ ☆ ☆ ☆

Vorbereitung:
–

Aktivität:
5 Min.

Material:
–

Stille Post

In der Aktivgeschichte kichern die Turnschuhprinzessin und ihre Freunde und flüstern sich
heimlich Botschaften zu, damit die Hofdame
Adelgunde sie nicht hört. Bevor Sie dieses ru-
hige Spiel durchführen, sollten die Kinder sich
ausgetobt haben, damit sie wieder still sitzen
können.

So geht's:

- Setzen Sie sich mit den Kindern auf dem Boden in einen Kreis.

- Evtl. lesen Sie den Teil der Aktivgeschichte noch einmal vor, in dem die
  Kinder sich ihre Idee von den Leseverbotsschildern zuflüstern. Unterhalten
  Sie sich mit den Kindern über das Thema Flüstern. Wann und warum
  flüstert man?

- Schlagen Sie vor, Namen zu flüstern und beginnen Sie mit „Adelgunde".

- Flüstern Sie gemeinsam die Namen der Kinder: zuerst reihum, dann
  gleichzeitig jeder seinen eigenen Namen.

- Nun verschicken Sie eine Nachricht. Erklären Sie, dass Sie dem ersten
  Kind neben Ihnen etwas ins Ohr flüstern. Dieses Kind soll das, was es
  hört, genauso dem nächsten Kind ins Ohr flüstern usw. Das letzte Kind
  sagt schließlich laut, was es gehört hat.

- Ermutigen Sie das letzte Kind, das Gehörte laut zu sagen, auch wenn es
  unsinnig oder lustig klingt. Ggf. flüstert es Ihnen das Gehörte ins Ohr und
  Sie sagen es dann laut.

- Spielen Sie das Spiel über mehrere Runden. Jedes Mal beginnt das
  Kind, das zuletzt das Gehörte laut ausgesprochen hat. Fällt ihm nichts
  Passendes ein, so machen Sie einige Vorschläge.

Lange Wörter

In der Aktivgeschichte erfindet die Hofdame den Begriff Turnschuhprinzessin, um die Prinzessin genauer zu beschreiben. Mithilfe der Bildkarten bilden die Kinder ebenfalls zusammengesetzte Namenwörter und lernen damit ein Verfahren der Wortbildung kennen.

So geht's:

- Erinnern Sie die Kinder an die Aktivgeschichte und den Namen der Prinzessin: Ihren richtigen Namen erfährt man nicht, aber sie wird „Turnschuhprinzessin" genannt. Wie könnte die Prinzessin noch heißen? Z. B. „Fußballprinzessin" oder „Kirschkernprinzessin".

- Sprechen Sie die Begriffe nochmals langsam und deutlich vor, um den Kindern die Gelegenheit zu geben, die Namen in ihre Bestandteile zu zerlegen. Sammeln Sie gemeinsam weitere zusammengesetzte Wörter, die entweder aus der Geschichte stammen (z. B. Fußballplatz, Kirschbaum, Schlossgarten) oder beliebig von den Kindern genannt werden.

- Die Kinder setzen sich an einen Tisch. Alle Bildkarten werden ausgeteilt und jedes Kind legt seinen Stapel verdeckt vor sich hin.

- Das erste Kind dreht die oben liegende Karte um und nennt den abgebildeten Begriff. Es legt die Karte in die Mitte des Tisches, sodass alle sie gut sehen können.

- Das zweite Kind deckt seine oberste Karte auf und nennt ebenfalls den Begriff. Lässt er sich mit dem Begriff der ersten Karte zusammenfügen? Falls ja, legt es diese Karte direkt neben die erste Karte – links oder rechts davon, je nachdem wo es passt.

Beispiel:

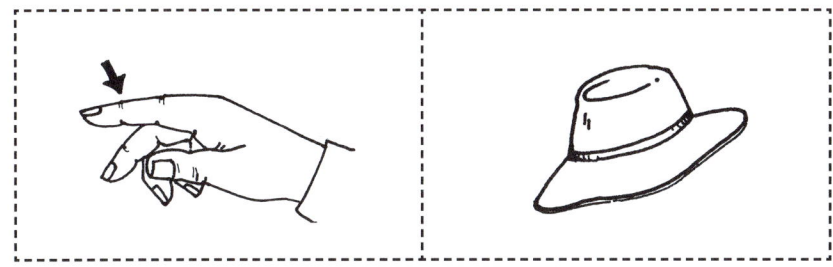

„Fingerhut"

- Falls die Begriffe nicht zusammenpassen, auch nicht als fantasievolle Neuschöpfung, legt das Kind die zweite Karte separat auf den Tisch.

- Nun ist das nächste Kind an der Reihe, das nun mehr Möglichkeiten zum Anlegen hat.

- Das Spiel dauert so lange, bis alle Bildkarten aufgebraucht sind bzw. bis es keine sinnvollen Kombinationen mehr gibt.

Variante:

Wenn Sie den Kindern Bildkarten mit Tieren zur Verfügung stellen, können sie durch die Zusammensetzung neue Fantasietiere erfinden und diese anschließend malen.

Thema:
Wortbildung

Kompetenzbereiche:
Sprachkompetenz ausbauen, Kreativität entfalten

Angrenzende Bildungsbereiche:
Kreativität und Musik, Miteinander leben

Kinder:
2–4

Schwierigkeitsgrad:
★ ★ ★ ☆ ☆ ☆ bis ★ ★ ★ ★ ★ ☆

Vorbereitung:
15 Min.

Aktivität:
15 Min.

Material:
Bildkarten der Gestaltungsvorlage (S. 24/25), Karton, Schere, Klebstoff, Buntstifte

Gestaltungsvorlage: Bildkarten (1)

✂

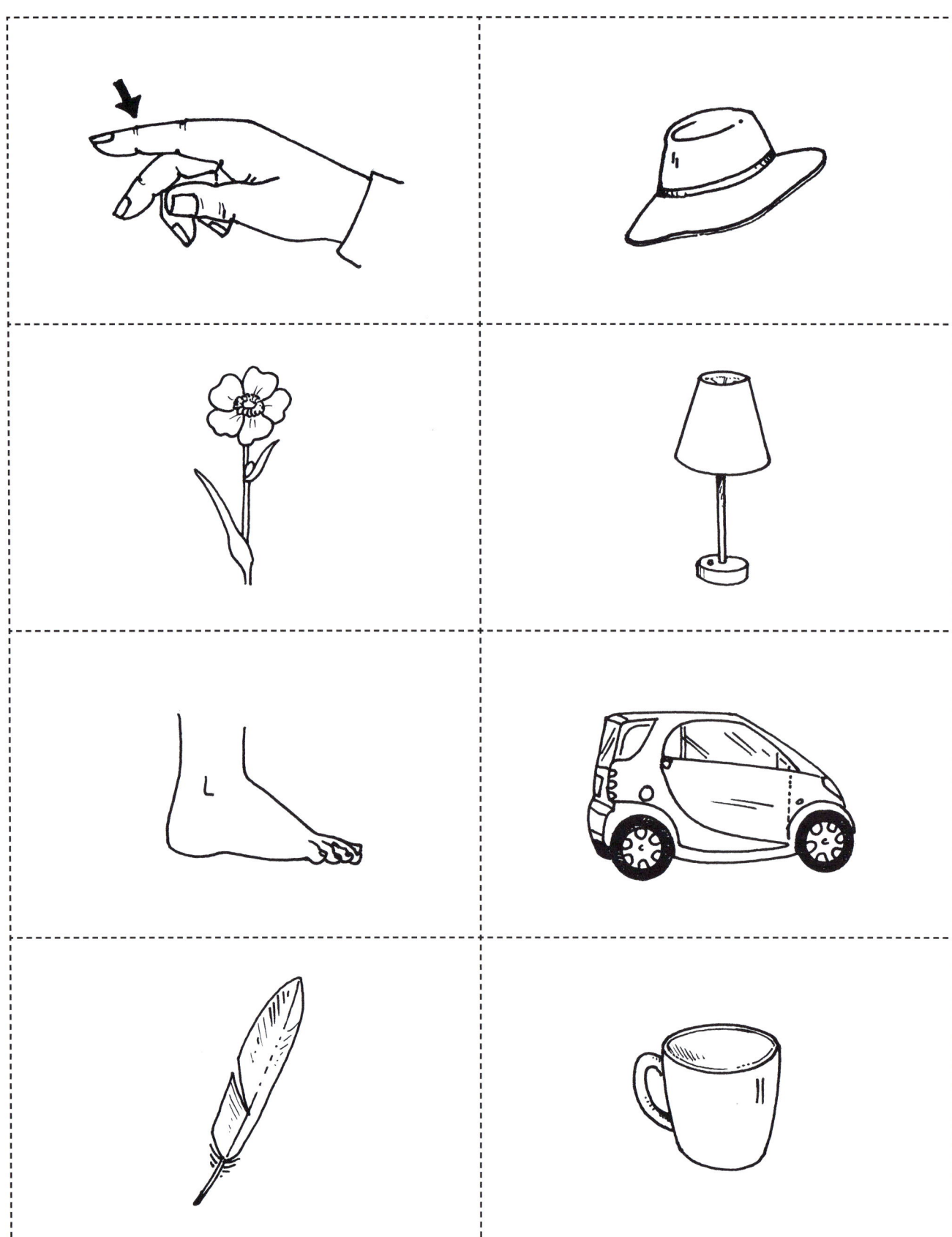

Gestaltungsvorlage: Bildkarten (2)

✂

Sprache und Literacy

Thema:
Sprechen

Kompetenzbereiche:
Sprechfähigkeit und
auditive Wahrnehmung
weiterentwickeln

**Angrenzender
Bildungsbereich:**
Kreativität und Musik

Kinder:
3–5

Schwierigkeitsgrad:
★ ★ ☆ ☆ ☆ ☆ bis ★ ★ ★ ★ ☆ ☆

Vorbereitung:
–

Aktivität:
5 Min.

Material:
–

Zungenbrecher

Dieses Sprechspiel lässt sich gut an die Aktivgeschichte, in der die Kinder Kirschkerne spucken, anknüpfen. Zungenbrecher sind eine wunderbare Übung für die Sprechfähigkeit und machen den Kindern obendrein viel Spaß.

So geht's:

- Sprechen Sie langsam und sehr deutlich einen Zungenbrecher vor. Die Kinder hören nur zu.

- Klären Sie im gemeinsamen Gespräch, warum man einen solchen Satz „Zungenbrecher" nennt und warum es so schwierig ist, ihn richtig auszusprechen.

- Nun sprechen Sie langsam Teile des Zungenbrechers vor und die Kinder sprechen jeweils nach.

- Sie sprechen nochmals den ersten Teil des Zungenbrechers und die Kinder wiederholen diesen. Jetzt geben Sie das nächste Stück vor und alle sprechen von Anfang an. So geht es Stück für Stück weiter, bis der ganze Zungenbrecher gesprochen wird.

> Große Kirschen haben große Kirschkerne, kleine Kirschen haben kleine Kirschkerne.

> Kleine Kinder spielen kichernd Kirschkernspucken. Kirschkernspucken spielen kleine Kinder kichernd.

> Kleine Kinder können keinen Kirschkern knacken. Keinen Kirschkern können kleine Kinder knacken.

Tipp:

Lassen Sie die Kinder selbst Zungenbrecher erfinden. Vielleicht kennen einige Kinder bekannte Zungenbrecher.
Z. B.: Blaukraut bleibt Blaukraut und Brautkleid bleibt Brautkleid.
Fischers Fritz fischt frische Fische. Frische Fische fischt Fischers Fritz.

Silben klatschen

Dieses Sprechspiel mit Namen macht den Kindern bewusst, dass unsere Sprache von Rhythmus und Melodie geprägt ist. Durch genaues Hinhören und deutliches Sprechen erkennen sie, dass Wörter aus mehreren Teilen bestehen. Die Verbindung von Sprechen und Klatschen unterstützt das Wahrnehmen von Silben und erleichtert das Lernen.

So geht's:

- Rufen Sie den Kindern die Aktivgeschichte und den Namen der Hofdame Adelgunde in Erinnerung.

- Die Kinder hören genau zu, wie Sie nun den Namen deutlich vorsprechen: „A-del-gun-de". Die Kinder sprechen gemeinsam rhythmisch nach.

- Klatschen Sie zum Sprechen des Namens für jede Silbe einmal mit. Die Kinder machen es nach.

- Sprechen Sie jetzt Ihren Vornamen deutlich, nach Silben getrennt, vor und klatschen Sie beim zweiten Sprechen mit.

- Die Kinder versuchen nun der Reihe nach, ihren Namen nach Silben getrennt auszusprechen. Je nachdem, wie sie besser zurechtkommen, können sie sofort dazu klatschen oder aber erst im nächsten Schritt.

Tipp:

Die Kinder zählen die Silben ihres Vornamens bzw. wie oft sie zu ihrem Vornamen klatschen können. Dann bilden sie der Anzahl der Silben entsprechend Gruppen. In diesem Zusammenhang können auch Kurzformen langer Vornamen thematisiert werden.

Varianten:

- Die Kinder nennen weitere Vornamen, die sie durch Klatschen zerlegen können.

- In der Aktivgeschichte gibt es zahlreiche lange Wörter, die die Kinder in Silben zerlegen können. Es eignen sich dafür auch die zusammengesetzten Namenwörter des Angebots „Lange Wörter" (siehe S. 23).

Thema:
Namen

Kompetenzbereiche:
auditive Wahrnehmung weiterentwickeln, phonetisches Bewusstsein und Sprachkompetenz ausbauen

Angrenzende Bildungsbereiche:
Kreativität und Musik, Miteinander leben

Kinder:
10 – 15

Schwierigkeitsgrad:
★ ★ ☆ ☆ ☆ ☆ bis ★ ★ ★ ★ ☆ ☆

Vorbereitung:
–

Aktivität:
10 Min.

Material:
–

Sprache und Literacy

Thema:
Reimen

Kompetenzbereiche:
Wortschatz erweitern, visuelle Wahrnehmung und Sprechfähigkeit weiterentwickeln

---

Angrenzender Bildungsbereich:
Kreativität und Musik

Kinder:
2 – 5

Schwierigkeitsgrad:
★ ★ ★ ☆ ☆ ☆ bis ★ ★ ★ ★ ☆

Vorbereitung:
10 Min.

Aktivität:
10 Min.

Material:
Bildkarten der Gestaltungsvorlage (S. 29/30), Karton, Schere, Klebstoff, Buntstifte

Reime finden

Im Alter von etwa vier bis fünf Jahren beginnen Kinder, durch Reimen neue Wörter zu erfinden. Mit zunehmender Übung passen die Reimwörter immer besser zum vorgegebenen Wort. Dieses Reimspiel macht Spaß und die Kinder erweitern ganz nebenbei ihren Wortschatz.

So geht's:

- Die Kinder sitzen auf dem Boden oder am Tisch im Kreis und legen alle Bildkarten offen aus.

- Ein Kind nimmt eine beliebige Bildkarte und nennt den zugehörigen Begriff, z. B. „Hund".

- Nun sucht es sich die passende Bildkarte mit einem Reimwort zu seinem Begriff, z. B. „Mund".

- Zum Überprüfen des Reims spricht es beide Wörter nochmals nacheinander aus, z. B. „Hund – Mund", und nimmt die beiden Karten an sich.

- Nun ist das nächste Kind an der Reihe.

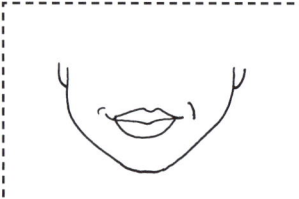

Varianten:

- Wenn die Kinder mit den Begriffen der Bildkarten vertraut sind, können sie die Bildkarten verdeckt auslegen, sodass immer zwei Karten umgedreht werden und die Kinder sich merken müssen, welches Bild sich unter welcher Karte befindet.

- Je zwei Kinder erhalten einen Satz Bildkarten und spielen damit nach den bekannten Memory-Regeln.

Tipps:

- Die Kinder finden weitere Reimwörter und zeichnen die Begriffe auf Blankokarten.

- Die Bildkarten können zusammen mit den Bildkarten der Seiten 24/25 als Anregung für das Erfinden lustiger Geschichten dienen.

Gestaltungsvorlage: Reimwörter (1)

✂

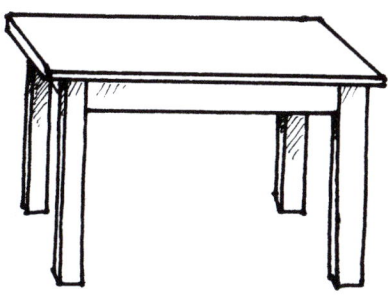

Gestaltungsvorlage: Reimwörter (2)

✂

Ich sehe was, was du nicht siehst

Dieses Spiel ist gut für kleine Ausflüge oder für Aufenthalte im Freien geeignet. Es verknüpft die visuelle Wahrnehmung mit dem miteinander Kommunizieren, da die Kinder das Beschreiben von Gegenständen mit Farb- und Formbegriffen üben. Das Spiel funktioniert nur, wenn das Kind, das einen Gegenstand wählt, ehrlich ist und bei diesem Begriff bleibt, auch wenn er schnell erraten wird.

So geht's:

- Ein Kind sieht sich in der Umgebung um und wählt einen Gegenstand aus, den die anderen Kinder erraten sollen, z. B. das Symbol auf einem Verkehrsschild, ein Spielgerät oder eine bestimmte Pflanze.

- Es beginnt: „Ich sehe was, was du nicht siehst …", und ergänzt eine Beschreibung der Farbe oder der Form, z. B.: „… und das ist gelb."

- Die anderen Kinder sehen sich nun um und versuchen den Gegenstand zu finden. Sie raten nun z. B.: „Ist es die Schaukel?"

- Wenn sie den Gegenstand nicht direkt finden, können sie auch Fragen stellen, die das erste Kind nur mit „Ja" oder „Nein" beantworten darf, z. B. „Ist es rund?" oder „Befindet es sich im Garten?".

- Das Kind, das den gesuchten Begriff errät, darf den nächsten Gegenstand vorgeben.

Variante:

Der Gegenstand wird nicht anhand der Form oder der Farbe beschrieben, sondern mit dem Anfangslaut. Sobald Kinder sich mit dem Lautieren beschäftigen, also etwa ab fünf Jahren, können sie Anfangslaute erkennen. Da es dabei nicht um den Buchstaben, sondern um den Laut geht, ist es kein Problem, wenn ein Kind statt „L" für „Leiter" „Lei" sagt. Oder „Ki" für Kirche statt „K". Das genaue Hinhören und Wahrnehmen der Wörter und ihrer Bestandteile ist eine große Herausforderung.

Thema:
Wahrnehmung

Kompetenzbereiche:
Wortschatz erweitern, Sprach-kompetenz ausbauen, visuelle Wahrnehmung weiterentwickeln

Angrenzende Bildungsbereiche:
Kreativität und Musik, Miteinander leben

Kinder:
3–5

Schwierigkeitsgrad:
★ ★ ☆ ☆ ☆

Vorbereitung:
–

Aktivität:
5 – 15 Min.

Material:
–

Thema:
Homonyme

Kompetenzbereiche:
Wortschatz erweitern,
Sprachkompetenz ausbauen,
Kreativität entfalten

**Angrenzende
Bildungsbereiche:**
Kreativität und Musik,
Miteinander leben

Kinder:
4–6

Schwierigkeitsgrad:
★ ★ ★ ★ ☆

Vorbereitung:
10 Min.

Aktivität:
15 Min.

Material:
Bildkarten der Gestaltungs-
vorlage (S. 33), Karton, Schere,
Klebstoff, Buntstifte

Teekesselchen

Auch das folgende Spiel ist wunderbar geeignet, um bei sommerlichen Ausflügen die Zeit im Bus zu verkürzen oder sich auf der Picknickdecke zu unterhalten. Es regt an, sich in der Umgebung umzusehen, und öffnet so die Sinne.

Bei Teekesselchen-Begriffen handelt es sich um Wörter mit mehreren Bedeutungen, die anhand von Beschreibungen erraten werden sollen. Die Kinder trainieren dabei, genauer auf die Bedeutung einzelner Begriffe zu achten, und erweitern zugleich ihren Wortschatz.

So geht's:

- Die Bildkarten liegen verdeckt bereit. Jeweils zwei Kinder ziehen eine Karte.

- Die beiden Kinder beraten sich zunächst: Sie sehen sich die Bilder an und klären, welcher Begriff gemeint ist. Es ist wichtig, dass jedes Kind beide Dinge kennt.

- Jedes der beiden Kinder übernimmt nun eine Bedeutung des Begriffs und überlegt, wie es sie beschreiben kann. Dabei können sich die beiden Kinder auch absprechen.

- Nun treffen sich alle Zweiergruppen und die Kinder beschreiben ihre Begriffe, z. B. „Bank": „Auf meinem Teekesselchen kann man sitzen." – „Mein Teekesselchen ist ein Haus."

- Die anderen Kinder versuchen, den Teekesselchen-Begriff zu erraten.

Variante:

Damit die ratenden Kinder mehr beteiligt sind, können sie zu den Teekesselchen-Begriffen Fragen stellen.

Tipp:

Die Kinder können weitere Teekesselchen-Begriffe sammeln. Klären Sie bei abstrakten Begriffen gemeinsam die Bedeutung, z. B. Geist: Gespenst – Klugheit / Verstand.

Gestaltungsvorlage: Teekesselchen-Begriffe

✂

Birne	Brille
Erde	Hahn
Löffel	Mutter
Nadel	Pony
Schloss	Strauß

Kreativität und Musik

Vorbemerkungen

Kinder lernen ihre Umwelt kennen, indem sie sie mit allen Sinnen wahrnehmen und sich spielend mit ihr auseinandersetzen. Sie (er)finden dabei unzählige Wege und Mittel, ihre Eindrücke zu ordnen und ihre Gefühle und Gedanken auszudrücken. Ihre Neugier und Lust am kreativen Tun sind dabei wesentliche Antriebskräfte für ihre Persönlichkeitsentfaltung. Mit der gleichen Neugier und Faszination begegnen Kinder dem künstlerischen Gestalten. Sie lieben es, mit Farben zu arbeiten und selbst kreativ zu werden. Die Kinder entwickeln individuelle Ideen, probieren sie aus und fällen ganz bewusste, eigene Entscheidungen. Die Selbstständigkeit der Kinder wird gefördert und unterstützt. Sie beginnen, ihr eigenes schöpferisches Potential zu erkennen, und fangen an, besondere Interessen und Vorlieben für bestimmte Mal- und Gestaltungstechniken zu entwickeln. Malen bietet zudem die Möglichkeit, Emotionen auszudrücken und Erfahrungen zu verarbeiten. Der freie Gestaltungsprozess trägt außerdem wesentlich dazu bei, die feinmotorische Entwicklung der Kinder zu unterstützen.

Daneben ist die Musik ein wesentliches Ausdrucksmittel und regt die kindliche Fantasie und Kreativität an. Die Entwicklung in diesem Bereich hängt stark von einer differenzierten Wahrnehmungsfähigkeit ab. Dies ist ein wichtiger Ansatzpunkt für musisch-ästhetische Bildungsangebote.

Die im Sommer blühende Natur hält vielfältige Anreize für die Sinne bereit. Es bietet sich deshalb an, mit den Kindern im Freien aktiv zu werden. Der Umgang mit Natur- und anderen Werkmaterialien lässt Kinder eigene Gestaltungswege entdecken. Dies fördert ihre Flexibilität im Denken und Handeln. Die Möglichkeit zu hören, zu singen, sich zu bewegen und Rhythmus zu erleben sowie eigene Gestaltungswege zu entdecken, gibt Kindern die Chance, spielend und mit allen Sinnen zu lernen.

Darüber hinaus machen die Kinder vielfältige soziale Erfahrungen, was die Aktivgeschichte aufgreift. Sie thematisiert die Frage, was Freundschaft eigentlich bedeutet und was Menschen füreinander tun können.

Aktivgeschichte

Dennis besucht mit seiner Kindergartengruppe das Atelier seines Freundes Tinto Pinto. Tinto Pinto ist Maler und bereitet gerade eine Ausstellung seiner Bilder für das Krankenhaus vor. Doch gerade als die Kinder ankommen, geht es dem Maler nicht gut: Er hat starke Rückenschmerzen und kann nicht malen. Die Ausstellung droht ins Wasser zu fallen. Da hat Dennis eine Idee: Er schlägt vor, dass die Kinder der Kindergartengruppe aktiv werden und für Tinto Pinto weitere Bilder malen könnten. So kommt es, dass die Kinder viele herrliche, sommerliche Bilder gestalten. Der Maler Tinto Pinto ist von den Ergebnissen der Kinder begeistert. Am nächsten Tag hängen die Kinder die Bilder noch im Krankenhaus auf und alle sind glücklich: Die Patienten freuen sich über die schöne Ausstellung und Tinto Pinto über die Hilfe der Kinder.

Die Aktivgeschichte bietet den Ausgangspunkt für viele unterschiedliche Projekte zum Thema „Malen und Gestalten". Die Geschichte macht Lust, sich von der sommerlichen Natur und Umgebung inspirieren zu lassen und selbst den Pinsel in die Hand zu nehmen.

Praxisseiten

Ausgehend von der Aktivgeschichte liegt der Schwerpunkt dieses Kapitels auf der künstlerischen Gestaltung. Die Infoseite auf Seite 40 bietet Anregungen für die Auswahl sommerlicher Kunstwerke und Hintergrundinformationen zu Künstlern des Impressionismus, die auch für die folgenden Aktivitäten genutzt werden können. Anknüpfend an die Aktivgeschichte wird geklärt, was der Begriff Kunstmaler bedeutet (S. 41). Im Anschluss daran können die Kinder selbst aktiv werden. Sie überlegen sich, was Tinto Pinto malt (S. 42). Sicher kommen die Kinder zu ganz unterschiedlichen Ergebnissen. Spannend ist es, sich dem Thema einmal auf ganz unkonventionelle Art zu nähern: Wie malt es sich mit Mund und Füßen (S. 43)?

Besuchen Sie gemeinsam mit den Kindern eine Ausstellung. Die Seiten 44 und 45 bieten Ihnen dazu viele Anregungen und Vorschläge. Stellen Sie den Kindern eventuell bereits vorher den berühmten Künstler Vincent van Gogh vor (S. 48). Die Bilder van Goghs sind für die meisten Kinder sehr spannend und sie können seine Maltechnik nachahmen (S. 49).

In der Aktivgeschichte malen die Kinder im Freien. Sie lassen sich von der Natur im Sommer inspirieren und malen Blumenbilder. Greifen Sie das sommerliche Blumenmotiv doch einmal für die Arbeit mit Filz auf (S. 50), oder lassen Sie die Kinder als Entspannungsübung sommerliche Blumenmandalas gestalten (S. 51).

Sicher sind die Kinder durch die Geschichte und den Besuch der Ausstellung sehr motiviert und wollen eigene Bilder malen. Die Seiten 52–55 bieten dafür abwechslungsreiche Ideen. Von Bildern auf Papptellern (S. 52) über Klatschbilder (S. 53) bis hin zu selbst gestalteten Bilderrahmen (S. 54) – der Fantasie der Kinder sind keine Grenzen gesetzt.

Vielleicht bekommen die Kinder Lust, selbst eine Ausstellung zu organisieren. Auf den Seiten 56 und 57 finden Sie hierfür interessante und spannende Vorschläge, die die Kinder von Planung und Vorbereitung bis hin zu Plakat- und Einladungsgestaltung mit einbeziehen.

Kreativität und Musik

Aktivgeschichte: Besuch beim Maler Tinto Pinto

beide Hände aufs Herz legen

Dennis freut sich wie verrückt:
Seine Kindergartengruppe besucht heute
den berühmten Maler Tinto Pinto in seinem Atelier.
Der Maler ist ein guter **Freund** von Dennis.
Tinto Pinto wohnt direkt neben Dennis und seinen Eltern
und der Junge hat ihn schon oft besucht.

Arme weit ausbreiten
Hände ungefähr auf Körper-
breite auseinander halten

Tinto Pintos Atelier ist ein riesiger Raum mit vielen Fenstern.
Überall stehen und hängen Bilder.
Tinto Pinto malt **große Bilder**
und **kleine Bilder**.

Bauch herausstrecken
sich auf Zehenspitzen stellen,
Arme über den Kopf strecken

Dafür braucht er viele Pinsel und Farben.
Im ganzen Atelier findet man Pinsel.
Es gibt **dicke Pinsel**
und **feine, dünne Pinsel**.

mit beiden Armen einen großen
Kreis vor dem Körper darstellen

Überall auf dem Boden stehen Farbtöpfe
und auf den Tischen liegen Farbtuben.
Es gibt sehr **große Farbtöpfe**

mit Daumen und Zeigefinger
einen kleinen Kreis darstellen

und winzig **kleine Farbtuben**.

beide Hände aufs Herz legen

Dennis gefällt es im Atelier seines **Freundes** Tinto Pinto richtig gut.

Als die Kinder mit ihrer Erzieherin das Atelier betreten,
erschrickt Dennis sehr.

Sein **Freund** Tinto Pinto sitzt auf einem Stuhl und sieht krank und traurig aus.	*beide Hände aufs Herz legen*
Er hat einen Hexenschuss. Bei jeder Bewegung **tut** ihm der **Rücken weh**.	*eine Hand auf den Rücken* *legen und „Aua!" sagen*
„Ausgerechnet jetzt!", seufzt Tinto Pinto. „Dabei habe ich noch gar nicht alle Bilder für die Ausstellung im Krankenhaus **gemalt**."	*Malbewegung machen*
Der Maler erzählt, dass er versprochen hat, viele fröhliche, bunte Sommerbilder im Krankenhaus aufzuhängen. So sollen die Menschen, die bei dem herrlichen Sommerwetter krank im Bett liegen müssen, auch etwas Schönes zu sehen bekommen. Denn wenn man fröhliche Bilder sieht, dann wird man ganz sicher schneller wieder gesund.	
„Aber ich kann nicht **malen**", sagt Tinto Pinto traurig. „Wenn ich den Arm mit dem Pinsel hebe, **tut** mir der **Rücken weh**!	*Malbewegung machen* *eine Hand auf den Rücken* *legen und „Aua!" sagen*
Es geht nicht."	
Dennis überlegt. Tinto Pinto ist sein **Freund**. Und **Freunde** helfen einander. Das ist doch klar!	*beide Hände aufs Herz legen* *beide Hände aufs Herz legen*
Zum Glück hat Dennis eine gute Idee. „Tinto Pinto", ruft er. „Wir **malen** Bilder für die Ausstellung! Wir sind viele, da können wir auch viele Bilder **malen**." „Das würdet ihr für mich tun?", fragt Tinto Pinto. Er ist ganz gerührt. „Na klar!", sagt Dennis. „Du bist doch mein **Freund** und **Freunde** helfen einander."	*Malbewegung machen* *Malbewegung machen* *beide Hände aufs Herz legen* *beide Hände aufs Herz legen*
Die Kinder sind begeistert. Natürlich wollen sie Bilder **malen** und so dem kranken Maler helfen.	*Malbewegung machen*
Obwohl das Atelier riesig ist, ist nicht genug Platz, dass jedes Kind in Ruhe **malen** kann. Deshalb tragen sie zusammen mit der Erzieherin alles, was sie brauchen, hinaus in den Garten auf die Wiese.	*Malbewegung machen*
Sie holen **dicke Pinsel** und **feine, dünne Pinsel**.	*Bauch herausstrecken* *sich die Zehenspitzen stellen,* *Arme über den Kopf strecken*

Kreativität und Musik

mit beiden Armen einen großen Kreis vor dem Körper darstellen	Sie holen **große Farbtöpfe**
mit Daumen und Zeigefinger einen kleinen Kreis darstellen	und **kleine Farbtuben**,
mit dem Zeigefinger ein großes Viereck in die Luft malen	**große Bögen Papier**
mit dem Zeigefinger ein kleines Viereck in die Luft malen	und **kleine Bögen Papier**.
Malbewegung machen	Es dauert nicht lange und alle Kinder **malen**.
	Sogar die Erzieherin will helfen.
mit dem Zeigefinger ein kleines Viereck in die Luft malen	Sie hat sich ein **kleines Blatt Papier**
mit beiden Zeigefingern einen kleinen Abstand zeigen	und einen **kleinen Pinsel** genommen
mit beiden Zeigefingern eine kleine Höhe zeigen	und malt eine **kleine**, rote Rose.
	Es ist warm und die Sonne scheint.
Malbewegung machen	Alle Kinder **malen** eifrig.
	Es entstehen wunderbare Bilder.
mit einem imaginären Pinsel in die Luft tupfen	Dennis **tupft** mit seinem Pinsel viele Vögel
	in die Zweige eines großen Kirschbaums.
	Zwei Mädchen malen gemeinsam einen riesigen Schmetterling.
mit dem Zeigefinger ein Viereck in die Luft malen	Sie nehmen ein **Blatt Papier**
Bauch herausstrecken	und malen mit **dicken Pinseln** einen halben Schmetterling darauf.
beide Hände vor dem Körper zusammenklappen	Dann **falten** sie das Blatt in der Mitte
mit der flachen Hand über einen imaginären oder einen echten Tisch streichen	und **streichen** fest darüber.
	Als sie das Blatt wieder aufklappen, leuchtet ihnen ein herrlicher Schmetterling in allen Farben des Regenbogens entgegen.
einen imaginären Pinsel halten, Zeichenbewegungen machen	Kai **zeichnet**
sich auf Zehenspitzen stellen, Arme über den Kopf strecken	mit einem **feinen, dünnen Pinsel**
	ein Piratenschiff mit gefährlichen Piraten.
	Ein Piratenschiff ist zwar nicht unbedingt ein Sommerbild,
einen imaginären Pinsel halten, Zeichenbewegungen machen	aber Kai **zeichnet** immer Piratenschiffe.
	Da kann man nichts machen.

Ein Mädchen malt mit einem **dicken Pinsel**
und **mit viel Schwung** eine Sommerwiese mit bunten Blumen.

Bauch herausstrecken
mit weitausholenden
Bewegungen in die Luft malen

Viele verschiedene Bilder entstehen.

Es dauert nicht lange und die ersten Bilder sind fertig.
Die Kinder tragen ihre Kunstwerke ins Atelier,
wo Maler Tinto Pinto auf einem Sofa liegt.
Im Liegen **tut** ihm sein **Rücken** nicht so **weh**.

eine Hand auf den Rücken
legen und „Aua!" sagen

Tinto Pinto schaut sich die Bilder an. Er ist begeistert und lächelt.
Tinto Pinto mag alle Bilder,
die Dennis und seine Freunde **gemalt** haben.

Malbewegung machen

Der Maler Tinto Pinto freut sich so über die vielen, schönen Bilder,
dass ihm sein **Rücken** schon ein kleines bisschen weniger **weh tut**.

eine Hand auf den Rücken
legen und „Aua!" sagen

Ja, Freude hilft!

Am nächsten Vormittag kommt die Kindergartengruppe
wieder zu Tinto Pinto ins Atelier.
Alle Kinder wollen dem Maler helfen,
die Bilder ins Krankenhaus zu bringen.
Es ist schließlich noch eine Menge Arbeit, die Bilder aufzuhängen.
Mittags hängen alle Bilder.
Die Flure und die Zimmer des Krankenhauses sehen toll aus.
Bunt und fröhlich, richtig sommerlich.

Die Patienten schauen die Bilder an:
Sie bestaunen die Vase mit den Blumen
und die Schale mit den Früchten.
Sie bewundern die Sonnenblume und das Piratenschiff.
Ihnen gefallen der Schmetterling
und der Kirschbaum mit den Vögeln.
Sie betrachten die Rose und das Sommerwiesenbild.
Sie finden alle Bilder so großartig, dass sie begeistert **klatschen**.

mehrmals in die Hände
klatschen

Der Maler Tinto Pinto freut sich sehr.
Er sagt zu den Kindern: „Vielen, vielen Dank! Ohne euch
hätte ich das mit meinen **Rückenschmerzen** nie geschafft.

eine Hand auf den Rücken
legen und „Aua!" sagen

Das war wirklich eine gute Idee, Dennis!"
Dennis wird ein bisschen rot.
„Ich musste dir doch helfen", sagt er leise zu Tinto Pinto.
„Du bist doch mein **Freund**!"

beide Hände aufs Herz legen

Infoseite: Berühmte Maler

In allen Kunstepochen gab es Maler, die berühmte Werke schufen. Zur Zeit des Impressionismus (Ende 19. Jh./Anfang 20. Jh.) beschäftigten sich die Maler besonders oft mit dem Thema Sommer und erstellten zahlreiche bedeutende Werke mit sommerlichen Ansichten. Da sie statt im Atelier meist unter freiem Himmel direkt vor dem Motiv malten, spielte bei ihnen das Licht, aber auch die Tages- und Jahreszeiten eine wichtige Rolle.

Zu den folgenden Künstlern lohnt es sich, Bücher oder Kunstdrucke zu besorgen und diese mit den Kindern gemeinsam zu betrachten. Vielleicht ist es auch möglich, ein Museum oder eine Ausstellung mit impressionistischen Werken zu besuchen.

Der Niederländer **Vincent van Gogh** (1853–1890) entschloss sich mit 27 Jahren, Maler zu werden. Er wählte Südfrankreich als Ort zum Malen, denn dort wollte er in der südlichen Sonne die heiteren Farben finden. Er malte unzählige, fröhlich wirkende Landschaftsbilder. Doch Vincent van Gogh war ein schwieriger und trauriger Mensch, der in seinem ganzen Leben nur ein einziges Bild verkaufen konnte. Sein Bruder Theo, der als Kunsthändler in Paris arbeitete, schickte ihm regelmäßig Geld zum Leben. Vincent van Gogh starb bereits im Alter von 37 Jahren (siehe Angebote S. 48/49).

Auch der französische Maler **Claude Monet** (1840–1926) versuchte, Licht in seiner Vielfalt einzufangen und dessen Wirkung in seinen Bildern wiederzugeben. Er malte besonders gerne Wasser, in dem sich Menschen oder Dinge spiegeln. Nachdem Claude Monet viele Jahre in Armut lebte, konnte er schließlich doch von den Verkäufen seiner Bilder leben. Er zog mit seiner Familie in ein Haus in Giverny, in dessen Garten er einen Seerosenteich anlegte. Um die wechselnden Lichtverhältnisse zu studieren, malte Claude Monet den Teich fast täglich, sodass über 300 Seerosenbilder entstanden. (Dazu passt das Angebot „Papierblüten", S. 70.)

Camille Pissarro (1830–1903) lebte überwiegend in Frankreich und gehörte zu den ersten impressionistischen Landschaftsmalern. Er suchte sich häufig Motive, die sehr schlicht wirkten, und studierte deren Licht- und Schattenwirkungen, Stimmungen und Farbspiele ausführlich. Auf seinen Bildern kommen immer wieder Menschen vor, die arbeiten, sich unterhalten oder einfach durchs Bild spazieren.

Der französische Maler **Pierre-August Renoir** (1841–1919) spielte mit Licht und Stimmungen und versuchte, so viel wie möglich davon auf seinen Bildern einzufangen. Er malte oft fröhliche Menschen, die tanzen und lachen. Eines seiner Bilder heißt „Im Sommer" und zeigt eine junge Frau, die an einem heißen Sommertag auf einem Stuhl sitzt.

Die impressionistische Ausdrucksweise des französischen Malers **Paul Cézanne** (1839–1906) unterschied sich etwas von den anderen Künstlern dieser Stilrichtung. Er wollte nicht nur Stimmungen auf die Leinwand bringen und Lichteinfälle wiedergeben, sondern verwandelte sie zusätzlich und löste sie auf. Hinzu kam, dass Paul Cézanne auf seinen Bildern die Natur in geometrische Formen zerlegte.

Gespräch über Kunstmaler

Ausgehend von der Aktivgeschichte wird im Morgenkreis Tinto Pintos Beruf Kunstmaler thematisiert. Wenn Sie im Anschluss einen Besuch in einer Ausstellung planen, wissen die Kinder bereits, warum es Ausstellungen gibt, und können sich besser vorstellen, wie und wo Kunstwerke entstehen.

So geht's:

- Erinnern Sie die Kinder an die Aktivgeschichte und an den Maler Tinto Pinto. Was macht Tinto Pinto von Beruf? (Er ist Kunstmaler.)

- Arbeiten Sie mit den Kindern den Unterschied zwischen den Berufen Maler und Kunstmaler heraus:

  – Ein Maler streicht und bemalt Wände in Räumen und Fassaden von Gebäuden.

  – Ein Kunstmaler stellt auf Bildern die Wirklichkeit, seine Empfindungen und Ideen in verschiedenen malerischen und zeichnerischen Techniken dar. Das Malen ist etwas ganz Persönliches und jeder Kunstmaler gestaltet seine Bilder nach seinen eigenen Vorstellungen.

- Gehen Sie nun anhand dieser Fragen näher auf den Beruf Kunstmaler ein:

  – Wo arbeitet ein Kunstmaler? (in einem Atelier, im Freien)

  – Was ist das Besondere an einem Atelier? (Es hat meist große Fenster für eine gute Beleuchtung mit Tageslicht und viel Platz für die Arbeiten des Künstlers.)

  – Wie wird man Kunstmaler? (Wenn man sich für geeignet hält, kann man diesen Beruf z.B. an einer Kunstakademie erlernen. Die Lehrer dort zeigen, wie man malen kann und wie richtige Kunstwerke entstehen.)

  – Wie verdient ein Kunstmaler mit Bildern Geld für seinen Lebensunterhalt? (Er macht z.B. eine Ausstellung, damit viele Leute seine Bilder kennenlernen und sie kaufen.)

- Vielleicht können die Kinder bereits von eigenen Erfahrungen mit Kunstwerken, die sich z.B. zu Hause in ihrer Wohnung befinden, berichten. Kennen sie den Künstler?

Tipps:

- An dieses Angebot können Sie die Kinderseite „Was malt Tinto Pinto?" (S. 42) anschließen.

- Um das Thema Berufe weiter zu vertiefen, können die Kinder von den Berufen ihrer Eltern erzählen bzw. die Antworten auf folgende Fragen in Erfahrung bringen: Was arbeiten sie? Wo arbeiten sie? Wie heißt der Raum? (z.B. Büro, Werkstatt) Wo und wie haben sie ihren Beruf erlernt? Macht ihnen ihre Arbeit Spaß? Haben die Kinder schon einmal den Arbeitsplatz ihrer Eltern besucht?

Thema:
Berufe

Kompetenzbereiche:
Wortschatz erweitern, Berufe kennenlernen

Angrenzende Bildungsbereiche:
Miteinander leben, Forschen und entdecken

Kinder:
15–20

Schwierigkeitsgrad:
★ ☆ ☆ ☆ ☆

Vorbereitung:
–

Aktivität:
15 Min.

Material:
evtl. Fotos von Ateliers und Kunstausstellungen

Was malt Tinto Pinto?

Malen mit Mund und Fuß

Der Maler Tinto Pinto hat Rückenschmerzen und kann daher seinen Arm nicht bewegen, um zu malen. Menschen, die aufgrund einer Behinderung, einer Krankheit oder eines Unfalls keine Arme haben oder ihre Arme und Hände nicht bewegen können, versuchen manchmal, mit dem Mund oder mit den Füßen zu malen. Es gibt sogar Künstler, die auf diese Weise in mühsamer Kleinarbeit Bilder erstellen. Bei diesem Angebot können die Kinder diese Techniken einmal ausprobieren.

So geht's:

- Decken Sie Tische, Stühle und den Boden mit Folie oder Zeitungspapier ab, damit diese nicht beschmutzt werden. Beschriften Sie für jedes Kind einen Bleistift und beide Pinsel mit Namen.

- Erinnern Sie die Kinder an die Aktivgeschichte und lassen Sie sie vom Maler Tinto Pinto erzählen:

  – Warum kann Tinto Pinto nicht malen?

  – Wie löst sich sein Problem in der Geschichte?

  – Was könnte der kranke Maler machen, wenn ihm die Kinder nicht helfen würden?

- Kommen die Kinder nicht selbst auf die Idee, mit anderen Körperteilen zu malen, haken Sie nach: Muss man denn mit der Hand malen? Vielleicht haben die Kinder sogar schon einmal jemanden gesehen oder von jemandem gehört, der mit dem Mund und den Füßen malt.

- Zunächst können die Kinder ausprobieren, mit der anderen als der üblichen Hand zu malen und zu zeichnen. So machen sie eine erste Erfahrung mit einer ungewohnten Arbeitsweise.

- Überlegen Sie gemeinsam mit den Kindern, wie das Malen mit dem Mund bzw. den Füßen funktioniert und was man dafür vorbereiten muss:

  – Für das Malen mit dem Mund sollte das Blatt an einer Wand befestigt werden, damit man in aufrechter Haltung malen kann.

  – Für das Malen mit den Füßen befestigt man das Blatt auf dem Boden. Man setzt sich auf einen Stuhl, zieht Schuhe und Strümpfe aus und hält den Pinsel bzw. Stift in den Zehenzwischenräumen.

- Die Kinder ziehen ihre Malkittel an und wer mag, versucht mit dem Fuß oder mit dem Mund zu malen. Achten Sie darauf, dass jedes Kind nur seinen eigenen Pinsel bzw. Bleistift in den Mund nimmt.

- Beschriften Sie alle Bilder auf der Rückseite mit dem Namen, Datum und der verwendeten Technik. Hängen Sie sie in der Einrichtung auf.

- Sprechen Sie nach der Aktion über die Erfahrungen der Kinder. Vielleicht wird dabei auch angesprochen, dass das Malen für Menschen, die ihre Arme und Hände nicht gebrauchen können, noch viel schwieriger ist, da sie zusätzlich beim Vorbereiten von Papier und Farben Hilfe benötigen und auch den Pinsel nicht problemlos aufnehmen können.

- Betrachten Sie gemeinsam die Kunstwerke, wobei die Kinder Gemeinsamkeiten und Unterschiede herausstellen.

Thema:
Bildnerisches Gestalten

Kompetenzbereiche:
Konzentrationsfähigkeit und Feinmotorik der Hände, der Füße und des Mundes weiterentwickeln

Angrenzende Bildungsbereiche:
Forschen und entdecken, Miteinander leben, Körper, Bewegung und Gesundheit

Kinder:
6 – 10

Schwierigkeitsgrad:
★★★☆☆

Vorbereitung:
15 Min.

Aktivität:
40 Min.

Material:
Zeitungspapier oder Abdeckfolien, Wasserfarben, Klebeband

Material pro Kind:
ein dicker und ein dünner Pinsel, Bleistift, großes Blatt Papier (mindestens DIN A4), Malkittel

Kreativität und Musik

Thema:
Bilder

Kompetenzbereiche:
Sprechfähigkeit und
visuelle Wahrnehmung
weiterentwickeln

**Angrenzende
Bildungsbereiche:**
Sprache und Literacy,
Forschen und entdecken,
Miteinander leben

Kinder:
12 – 15

Schwierigkeitsgrad:
★ ★ ★ ☆ ☆

Vorbereitung:
30 Min.

Aktivität:
20 Min.

Material:
ggf. Infomaterial, Kunstbücher

Wir besuchen eine Ausstellung (1)

So wie in der Aktivgeschichte der Maler Tinto Pinto seine Bilder im Krankenhaus ausstellt, gibt es sicherlich auch in der Nähe Ihres Kindergartens eine kleine Ausstellung. Dabei ist es gleichgültig, ob es sich um eine Ausstellung in einem Museum handelt oder ob die Werke eines Hobbymalers gezeigt werden. Ein Besuch lohnt sich auf jeden Fall, da die Kinder so erleben können, wie ein oder mehrere Künstler ihre Umgebung oder ihre Gedanken darstellen. Zugleich erfahren sie, wie eine „echte" Ausstellung aussieht.

Informieren Sie sich, wo in der Nähe eine Ausstellung gezeigt wird, die für die Kinder interessant sein könnte. Ideal wäre es, wenn dort Impressionisten gezeigt würden oder sich der Künstler mit Sommerthemen, z. B. Blumen, beschäftigt. Besichtigen Sie die Ausstellung vorab, damit Sie einzelne Bilder für die genauere Betrachtung auswählen können. Passen Sie die unten stehenden Fragen je nach Art der Ausstellung, Alter und Wissensstand der Kinder an, sodass sie die Kunstwerke ganzheitlich wahrnehmen können.

Vereinbaren Sie einen Termin, damit sich das Personal auf die Kindergruppe einstellen kann. Falls der Künstler / die Künstlerin in der Nähe lebt, wäre es schön, wenn er / sie beim Besuch der Kinder anwesend sein könnte.

So geht's:

- Erinnern Sie die Kinder an Tinto Pinto und besprechen bzw. wiederholen Sie gemeinsam, was ein Kunstmaler macht (siehe S. 41).

- Schlagen Sie vor, gemeinsam eine Ausstellung mit Bildern zu besuchen. Erzählen Sie den Kindern etwas über den Künstler / die Künstlerin und zeigen Sie ihnen – falls möglich – ein Foto, damit sie einen Bezug zu ihm / ihr herstellen können.

- Handelt es sich um einen bekannten Künstler, können die Kinder ein paar Kunstwerke in einem Buch anschauen. Bei einem regional tätigen Künstler ist vielleicht ein Bild in der Tageszeitung abgedruckt.

- Erarbeiten Sie mit den Kindern Regeln für den Aufenthalt in der Ausstellung (siehe „Wir besuchen die Bücherei", S. 18).

Mögliche Fragen zur Bildbetrachtung

- Was siehst du auf dem Bild?

- Welche Farbe fällt dir zuerst auf?

- Gibt es auf dem Bild Menschen oder Tiere? Welche? Beschreibe sie.

- Was passiert auf dem Bild?

- Schließe die Augen und stell dir vor, du befindest dich im Bild: Ist es warm oder kalt? Ist es laut oder leise? Wie riecht es?

- Was ist vor dieser Situation passiert? Was passierte nachher?

- In welcher Technik wurde das Bild hergestellt? Mit einem Pinsel gemalt oder mit einem Stift oder einer Tuschefeder gezeichnet?

- Fehlt etwas auf dem Bild?

Wir besuchen eine Ausstellung (2)

Besuchen Sie nun gemeinsam die Ausstellung. Vielleicht geben Sie den Kindern zuerst einen Überblick über die Räume und schauen dann gemeinsam einige Bilder genauer an.

So geht's:

- Betrachten Sie gemeinsam mit den Kindern einzelne Bilder anhand der vorbereiteten Fragen. Die Fragen dienen dabei lediglich als Hilfsmittel für eine strukturierte Betrachtung.

- Notieren Sie sich die Kommentare der Kinder zu einzelnen Bildern und die Antworten auf die vorbereiteten Fragen.

- Geben Sie den Kindern immer wieder die Möglichkeit, die Bilder auf sich wirken zu lassen und sich dabei wohlzufühlen. Sie können auch selbstständig auswählen, welche Bilder sie wie lange betrachten möchten.

- Unterstützen Sie die Kinder dabei, auf die Details der Bilder zu achten. Diese Informationen benötigen die Kinder für ein Bild, das sie später gemeinsam in der Einrichtung malen.

- Falls der Künstler / die Künstlerin beim Besuch anwesend ist, können die Kinder gemeinsam mit ihm / ihr einzelne Bilder anschauen und Fragen dazu stellen.

- Manche Kinder ab etwa fünf Jahren finden es schon sehr spannend, Bilder abzuzeichnen. Sie wählen meist ein Detail aus, das sie wiedergeben möchten. Abzeichnen schult den Blick und das Verständnis für Kunst. Dienen Sie als Vorbild und versuchen Sie es ebenfalls.

- Fassen Sie im Anschluss an die Besichtigung die Antworten und Kommentare der Kinder schriftlich zusammen.

- Am Tag nach der Besichtigung beschreiben die Kinder ihre Eindrücke von der Ausstellung. Dabei können Sie auch die notierten Antworten und Kommentare vorlesen. Sehen Sie sich gemeinsam an, was in der Ausstellung gezeichnet wurde.

- Bieten Sie den Kindern an, ein Bild zu malen, das ihre Eindrücke wiedergibt. Hier kann z. B. die Tüpfeltechnik Van Goghs genauso vorkommen (siehe S. 48) wie die Abbildung eines Huhns auf dem Bild einer wenig bekannten, naiven Künstlerin. Unterstützen Sie dabei die Kinder in ihrer Kreativität.

- Schreiben Sie auf die Rückseite jedes Bildes den Namen des Kindes und hängen Sie alle Bilder auf.

Tipp:

Die Ergebnisse dieses Angebots eignen sich für die Sommerausstellung (siehe S. 56/57).

Thema:
Bilder

Kompetenzbereiche:
Sprechfähigkeit und visuelle Wahrnehmung weiterentwickeln

Angrenzende Bildungsbereiche:
Sprache und Literacy, Forschen und entdecken

Kinder:
12 – 15

Schwierigkeitsgrad:
★ ★ ★ ☆ ☆ ☆

Vorbereitung:
30 Min.

Aktivität:
max. 2 Stunden (Besuch), 30 Min. (Gestalten)

Material:
Farben, Stifte, Pinsel, Papier

Material pro Kind:
Papier, stabile Unterlage, weicher Bleistift (B)

Kreativität und Musik

Lied: Komm, wir mal'n

Text: Yvonne Wagner
Melodie: volkstümlich

1. Komm, wir mal'n, komm, wir mal'n, hop - sas - sas - sa,
ein bun - tes Som - mer - bild, tral - lal - lal - la!

2. Pinselstrich, Pinselstrich, hopsassassa,
das ist ja gar nicht schwer, trallallalla!

3. Hin und her, hin und her, hopsassassa,
geht unser Zeichenstift, trallallalla!

4. Blumen hier, Blumen da, hopsassassa,
wir malen alle drauf, trallallalla!

5. Jetzt ist es, jetzt ist es, hopsassassa,
ein buntes Sommerbild, trallallalla!

Kreisspiel: Komm, wir mal'n

Nachdem die Kinder bereits das Lied kennengelernt haben, begleiten sie den Gesang nun mit einfachen Bewegungen. Durch die Aneinanderreihung der Strophen entsteht ein kleiner Tanz.

Ausgangsstellung:

Je zwei Kinder stehen sich paarweise gegenüber im Kreis.

1. Strophe:

Komm wir mal'n, komm wir mal'n,	Die Kinder reichen sich beide Hände und gehen seitlich gegen den Uhrzeigersinn im Kreis.
hopsassassa,	Sie bleiben stehen, stützen die Hände in die Hüften und stampfen mit den Füßen.
ein buntes Sommerbild,	Die Kinder reichen sich wieder beide Hände und gehen gegen den Uhrzeigersinn im Kreis weiter.
trallallalla!	Die Kinder lösen die Handfassung und jedes Kind dreht sich einmal um sich selbst.

In gleicher Weise werden die Bewegungen zu den weiteren Strophen durchgeführt.

Varianten:

- Statt mit normalen Schritten können die Kinder auch mit Nachstellschritten im Kreis gehen.
- Zusätzlich zum Stampfen klatschen die Kinder noch in die Hände.
- Wenn die Kinder beim zweiten Gehen nicht gegen, sondern im Uhrzeigersinn gehen, kommen sie an ihren Ausgangspunkt zurück.
- Wenn sich die Kinder am Ende jeder Strophe um sich selbst drehen, macht jedes Kind anschließend einen kleinen Schritt nach rechts, sodass alle einen neuen Partner erhalten.

Thema:
Ein Künstler und
seine Maltechnik

Kompetenzbereiche:
künstlerische Techniken
kennenlernen, Feinmotorik
weiterentwickeln, Fantasie
entfalten

**Angrenzende
Bildungsbereiche:**
Sprache und Literacy,
Forschen und entdecken

Kinder:
3–5

Schwierigkeitsgrad:
★ ★ ★ ☆ ☆

Vorbereitung:
10 Min.

Aktivität:
20–30 Min.

Material:
Selbstbildnis und Kunstdruck
eines Werks von Vincent van
Gogh, DIN-A4-Papier, Plakat-
farben, runde, kurzborstige
Pinsel verschiedener Stärke

Material pro Kind:
Malkittel

Der Maler Vincent van Gogh

Ausgehend von der Aktivgeschichte, in der der fiktive Maler Tinto Pinto im
Mittelpunkt steht, lernen die Kinder mit Vincent van Gogh einen berühmten
Maler und eines seiner Werke kennen. Sie setzen sich mit seiner Maltechnik
auseinander, die aus kurzen, nebeneinander gesetzten Pinselstrichen
besteht. Für Kinder ist diese „Tüpfeltechnik" besonders interessant: Geht
man nah an das Bild heran, sieht man die einzelnen kleinen Farbtupfen.
Je weiter man sich entfernt, desto klarer erscheint das Bild. Diese Technik
können die Kinder nachempfinden.

So geht's:

- Erinnern Sie die Kinder nochmals an die Aktivgeschichte und den Maler
  Tinto Pinto. In seinem Atelier gibt es viele Pinsel und Farben.

- Thematisieren Sie verschiedene Techniken zur Gestaltung von Bildern,
  die die Kinder schon kennengelernt haben:

  – Welche Arten von Farben kennen die Kinder? (z. B. Wasserfarben,
    Fingerfarben, Plakatfarben)

  – Welche Arten der Farbaufbringung gibt es? (z. B. mit Pinsel oder
    Schwamm, durch Kork- oder Kartoffeldruck)

  – Welche Pinsel gibt es? (z. B. Haarpinsel, Borstenpinsel) Wie arbeitet
    man damit?

- Stellen Sie den Kindern nun den Maler Vincent van Gogh und eines seiner
  Werke vor:

  – Zeigen Sie den Kindern ein Selbstbildnis Vincent van Goghs und
    erzählen Sie aus seinem Leben (siehe S. 40). Weitere Informationen
    finden Sie im Internet oder in Kunstbüchern für Kinder.

  – Betrachten Sie anschließend gemeinsam eines seiner Werke. Dabei
    sollten die Kinder zunächst genau erzählen, was sie auf dem Bild sehen.

  – Nun können Sie auf Van Goghs Maltechnik eingehen: Wie hat er mit
    dem Pinsel gearbeitet? Warum ist diese „Tüpfeltechnik" ganz beson-
    ders interessant?

- Im Anschluss daran probieren die Kinder diese Technik auf DIN-A4-
  Papier aus.

Tipps:

- Folgende Bilder Vincent van Goghs sind beispielsweise für dieses
  Angebot geeignet:

  – Selbstbildnisse: Selbstbildnis mit grauem Filzhut, Selbstbildnis mit
    Staffelei

  – Sonstige Werke: Vase mit 12 Sonnenblumen, Weizenfeld mit Raben,
    Kirche von Auvers, Die Ebene bei Auvers, Olivenbäume mit gelbem
    Himmel und Sonne

- Verschiedene Verlage (z. B. Prestel) veröffentlichen kindgerechte Bücher
  über das Leben und Werk berühmter Künstler. Sie bieten Informationen
  über einzelne Künstler und ihren Malstil und stellen Kunstwerke vor.

Wir gestalten ein Wandbild

Wenn die Kinder bereits den Künstler Vincent van Gogh und eines seiner Werke in „Tüpfeltechnik" kennengelernt haben (siehe S. 48), eignet sich diese Aktivität im Anschluss. Die Kinder malen in Gemeinschaftsarbeit an einer Wand, z.B. im Flur des Kindergartens, ein großes Bild.

Befestigen Sie eine große Bahn Papier oder Tapete mit einem Klebeband an der Wand. Schützen Sie den Boden und die Wand außen herum mit Zeitungen oder Abdeckfolien.

So geht's:

- Die Kinder berichten über das Leben des Malers Vincent van Gogh und eines seiner Werke. Sie beschreiben seine „Tüpfeltechnik", die aus vielen kleinen Punkten besteht und die erst von Weitem gesehen das Bild als Ganzes erscheinen lassen.

- Schlagen Sie vor, an einer Wand gemeinsam ein großes, sommerliches Bild in Tüpfeltechnik zu malen. Erarbeiten Sie, was beim gemeinsamen Malen wichtig ist, z.B. gegenseitige Rücksichtnahme, Absprache der Bilder.

- Die Kinder überlegen, welche sommerlichen Motive sie malen wollen. In Anlehnung an Van Goghs „Sonnenblumen" kann es sich beispielsweise um eine Blumenwiese handeln.

- Besprechen Sie gemeinsam, wie die Tüpfeltechnik funktioniert. Ggf. können es die Kinder zuvor auf einem kleinen Blatt ausprobieren. Unterstützen Sie falls nötig die Kinder, die Technik umzusetzen.

- Respektieren Sie, wenn Kinder diese Technik nicht anwenden wollen und stattdessen mit Pinselstrichen malen.

- Jedes Kind sucht sich die Farben aus, die es verwenden will. Lassen Sie den Kindern ausreichend Zeit zum Malen.

- Geben Sie den Kindern am folgenden Tag nochmals Gelegenheit, am Bild zu arbeiten, bis alle mit ihrem Werk zufrieden sind.

- Nun können die anderen Kinder des Kindergartens das Bild aus der Nähe und aus der Ferne betrachten. Ergibt sich der gewünschte Effekt der Tüpfeltechnik? Erkennt man diese Technik?

- Fotografieren Sie das Bild. Jedes an der Aktion beteiligte Kind erhält ein Foto zur Erinnerung oder für seine Portfoliomappe.

Tipps:

- Zum Abdecken des Bodens ist ein Maler-Abdeckvlies gut geeignet: Das Vlies saugt die Farbe auf und die Folie schützt den Boden. Alternativ kann man dafür auch eine ausrangierte Picknickdecke mit Folie verwenden.

- Wie in der Aktivgeschichte können die Kinder das gemeinsam gemalte Bild einer öffentlichen Einrichtung, z.B. einem Seniorenheim oder einem Krankenhaus, zur Verfügung stellen und damit anderen Leuten eine Freude bereiten.

- Es ergibt einen interessanten Effekt, wenn die Kinder auf das gemalte Bild zum Schluss mit Bunt- oder Filzstiften zeichnen. So können z.B. kleine Tiere wie Fliegen oder Marienkäfer ergänzt werden.

Thema:
Malen mit dem Pinsel

Kompetenzbereiche:
künstlerische Techniken erproben, Feinmotorik weiterentwickeln, Kreativität entfalten

Angrenzende Bildungsbereiche:
Forschen und entdecken, Miteinander leben

Kinder:
3–5

Schwierigkeitsgrad:
★ ★ ★ ☆ ☆

Vorbereitung:
10 Min.

Aktivität:
je 30–60 Min. an zwei Tagen

Material:
Zeitungen oder Abdeckfolien, Papier von der Rolle oder Tapete, Klebeband, Plakatfarben, runde Pinsel in verschiedenen Stärken, Wasserbehälter, Tücher, Putzlappen, ggf. Bund- und Filzstifte

Material pro Kind:
Malkittel

Kreativität und Musik

Thema:
Blumen

Kompetenzbereich:
Feinmotorik weiterentwickeln

**Angrenzender
Bildungsbereich:**
Forschen und entdecken

Kinder:
12–15

Schwierigkeitsgrad:
★ ★ ☆ ☆ ☆

Vorbereitung:
10 Min.

Aktivität:
20 Min.

Material:
Bilder von verschiedenen
Blumen, verschieden dicke
Filzplatten, 6 gelbe Filzkreise
(Ø 4 cm), 1 grüner Filzkreis
(Ø 8 cm), 1 grünes Filzblatt,
runde Gegenstände als
Schablonen, Klebstoff, ggf. ein
großer oder mehrere kleinere,
mit Sand gefüllte Blumentöpfe

Material pro Kind:
Holz- oder Bambusstab,
Schere, Kugelschreiber oder
Glasbleistift (schreibt auf Filz)

Blumen aus Filz

Bezugnehmend auf die Aktivgeschichte, in der die Kinder sommerliche
Bilder mit Blumen malen, werden bei dieser Aktivität Blumen aus Filz
erstellt. An Stäbe geklebt können die Blumen zur Dekoration verwendet
werden oder als Geschenk dienen.

So geht's:

• Betrachten Sie mit den Kindern zum Einstieg Bilder von Blumen, z. B.
Sonnenblume, Gänseblümchen, Margerite, Hahnenfuß. Die Kinder
beschreiben das Aussehen der Blütenblätter und der Blätter.

• Schlagen Sie vor, sommerliche Blumen aus Filz herzustellen, die an einen
Stab geklebt in Blumentöpfe gesteckt werden können.

• Zeigen Sie den Kindern die vorbereiteten Filzteile und den Stab. Die Kinder
probieren aus, wie sie daraus eine Blume herstellen können.

• Kleben Sie anschließend die Filzteile zur Blüte zusammen und befestigen
Sie diese und das Blatt an dem Stab. Ein Kind steckt den Blumenstecker
nun in einen Blumentopf.

• Die Kinder erhalten Filzplatten und überlegen,
welche Teile sie für ihre Blume benötigen und
wie sie die Formen vorzeichnen können.

• Wenn sie nicht von selbst auf die Idee kommen,
Gegenstände als Schablonen zu verwenden,
bieten Sie ihnen Dinge wie z. B. runde Bauklötzchen
oder einen Trinkbecher an.

• Nun werden die Kreise aufgezeichnet und ausgeschnitten. Wer freie Kreise oder andere Blütenformen
ausschneiden will, kann das auch tun.

• Die Kinder kleben ihre Blütenblätter an den mittleren
Kreis und anschließend die Blüte und das Blatt an
den Stab. Schreiben Sie an den Blumenstab jeweils
den Namen des Kindes, das ihn erstellt hat.

• Wenn der Klebstoff getrocknet ist, stecken die Kinder
ihre Blume in einen Blumentopf.

Varianten:

• Statt Filz können die Kinder auch Moosgummi verwenden.

• Es können auch andere Formen, wie z. B. Tiere, an den Stab geklebt
werden.

Tipps:

• Die Blumenstäbe sind ein schönes Geschenk für Eltern, z. B. zum Ab-
schied eines Vorschulkindes oder als kleine Aufmerksamkeit.

• Füllen Sie eine große Vase oder einen großen Blumentopf mit Sand und
stellen Sie ihn vor die Tür des Gruppenraums. Wenn alle Kinder ihren
Blumenstab hineinstecken, entsteht ein schöner Gruppen-Blumenstrauß.

Gestaltungsvorlage: Blumenmandala

✂

Kreativität und Musik

Thema:
Bilder

Kompetenzbereiche:
künstlerische Techniken kennenlernen, Fantasie entfalten, Feinmotorik weiterentwickeln

---

Angrenzender Bildungsbereich:
Forschen und entdecken

Kinder:
3–5

Schwierigkeitsgrad:
★ ★ ☆ ☆ ☆

Vorbereitung:
5 Min.

Aktivität:
30 Min.

Material:
einfache, weiße Pappteller in verschiedenen Formen und Größen, Pinsel, Plakatfarben, Aufhänger zum Ankleben

---

Material pro Kind:
Kugelschreiber

Bilder auf Papptellern

Bilder von Künstlern aber auch Kinderbilder kommen in einem Rahmen noch besser zur Geltung. Pappteller sind gut geeignet, da man darauf hervorragend mit Kugelschreiber zeichnen kann und gleichzeitig bereits ein Rahmen vorhanden ist. Das ungewohnte Papier und die verschiedenen Formate regen die Kinder zu fantasievollen Bildern an.

So geht's:

- Die Kinder sitzen am Tisch und berichten von der Aktivgeschichte, in der die Kindergruppe für die Ausstellung des Malers Tinto Pinto viele Bilder gemalt hat.

- Legen Sie eine Auswahl Pappteller auf den Tisch und fragen Sie, was man damit im Hinblick auf eine Bilderausstellung machen könnte. Sicher haben die Kinder viele Ideen.

- Stellen Sie den Kindern nun Kugelschreiber zur Verfügung und fordern Sie sie auf, damit auf die Pappteller Bilder zu zeichnen.

- Wer mag, kann anschließend den Rahmen noch farbig bemalen.

- Kleben Sie auf die Rückseite der Pappteller kleine Aufhänger und hängen Sie die Bilder gemeinsam mit den Kindern an eine Wand.

- Wie wirkt die Ausstellung?

Tipps:

- Für das Malen auf den Papptellern können Sie den Kindern ein Thema vorgeben, z. B. „Auf der Sommerwiese" oder „Unter Wasser".

- Fantasiemuster sind für Pappteller gut geeignet – zuerst wird mit Kugelschreiber vorgezeichnet und anschließend mit Farben bunt ausgemalt.

Variante:

Anstatt Kugelschreiber zu verwenden, können geübtere Kinder mit Tusche und Feder zeichnen.

Klatschbilder

In der Aktivgeschichte wenden die Kinder verschiedene künstlerische Techniken zum Gestalten der Bilder an. Zwei Mädchen stellen mithilfe der Klatschtechnik einen riesigen Schmetterling her. Das können Ihre Kinder bei diesem Angebot ausprobieren.

So geht's:

- Die Kinder erinnern sich an die Szene der Aktivgeschichte, in der die beiden Mädchen den Schmetterling gestalten. Vielleicht lesen Sie diese Szene nochmals vor und die Kinder führen die dazu passenden Bewegungen aus.

- Besprechen Sie nun gemeinsam, wie der Schmetterling gestaltet wird und was dafür nötig ist: Wasserfarben, ein dicker Pinsel, ein in der Mitte gefaltetes Papier.

- Lassen Sie die Kinder zunächst die Vorgehensweise selbst ausprobieren, da sie die einzelnen Schritte vermutlich herausfinden können:

  - Das Papier in der Mitte falten.

  - Auf eine Hälfte des Papiers mit dem Pinsel ein paar möglichst feuchte Farbkleckse auftragen.

  - Das Papier an der Faltung „zusammenklatschen" und mit der flachen Hand über das ganze Blatt streichen, damit sich die Farbe verteilt. Wenn die Farbkleckse zu nass waren, läuft eventuell etwas Wasser am Rand heraus.

  - Das Bild wieder auffalten und trocknen lassen.

- Überlegen Sie mit den Kindern, wie sie die Farbkleckse anordnen sollten, wenn sie einen Schmetterling gestalten wollen.

- Spannen Sie eine Schnur quer durchs Zimmer und hängen Sie die mit Namen beschrifteten Bilder mit Wäscheklammern daran auf.

- Die Kinder können nun erzählen, was sie auf den Bildern sehen. Bestimmt sind es nicht nur Schmetterlinge …

Tipps:

- Die Klatschbilder können in die selbst gemachten Bilderrahmen (siehe S. 54) geklebt werden.

- Die Bilder eignen sich als Geschenkpapier. Ausschnitte davon kann man auch zur Gestaltung von Glückwunschkarten verwenden.

Variante:

Für die Gestaltung eines Schmetterlings können die Kinder auf der Rückseite des Klatschbildes an der Faltkante einen halben Schmetterlingsumriss aufzeichnen und dann beide Hälften ausschneiden. Wenn sie am Falz im Abstand von mindestens 3 cm zwei kleine Schlitze einschneiden, können sie einen in der Mitte geknickten Pfeifenputzer durchfädeln und die beiden oberen Enden zu Fühlern auseinanderbiegen. So eignen sich die Schmetterlinge als Tischschmuck oder sie können an den Blumen aus Filz (S. 50) befestigt werden.

Thema:
Bilder

Kompetenzbereiche:
künstlerische Techniken kennenlernen, Fantasie entfalten, Feinmotorik weiterentwickeln

Angrenzender Bildungsbereich:
Forschen und entdecken

Kinder:
3 – 5

Schwierigkeitsgrad:
★ ☆ ☆ ☆ ☆

Vorbereitung:
5 Min.

Aktivität:
30 Min.

Material:
Papier verschiedener Größe, Wasserfarben, Pinsel, Schnur, Wäscheklammern

Material pro Kind:
Malkittel, ggf. Schere und Pfeifenputzer

Kreativität und Musik

Thema:
Bilder

Kompetenzbereiche:
Fantasie entfalten, Feinmotorik
weiterentwickeln, Erfahrungen
mit plastischem Gestalten
sammeln

**Angrenzender
Bildungsbereich:**
Forschen und entdecken

Kinder:
3–5

Schwierigkeitsgrad:
★ ★ ☆ ☆ ☆ ☆

Vorbereitung:
5 Min.

Aktivität:
je 30 Min. an zwei Tagen

Material:
Bilderrahmen als Anschauungs-
material, stabiler Pappkarton,
Zeitungspapier, Klebeband,
Kleister, Plakatfarben, Pinsel,
Gold-/Silberfarbe, Bilderhaken
oder Schnur

Material pro Kind:
Malkittel

Selbst gemachter Bilderrahmen

Diese Gestaltungsidee kann im Anschluss an die Besichtigung einer Ausstel-
lung (siehe S. 45) angeboten werden, in der die Kinder sehen konnten, dass
Bilder von Künstlern meist in Rahmen ausgestellt werden. Für ihre eigenen
Kunstwerke können sie solche Rahmen selbst herstellen. Dabei wird die
Größe individuell an das Bild angepasst.

So geht's:

- Erinnern Sie die Kinder an den Ausstellungsbesuch und wie die Bilder
  dargeboten wurden. Alternativ können Sie einen Bilderrahmen oder Fotos
  verschiedener Bilderrahmen zeigen.

- Besprechen Sie, warum Bilder in Bilderrahmen ausgestellt werden.
  Schlagen Sie vor, für eigene, besonders gelungene Bilder einen Rahmen
  zu erstellen.

- Jedes Kind überlegt sich, welche Form sein Rahmen haben soll, z. B.
  quadratisch, rechteckig oder oval, und erhält einen entsprechenden
  Pappkarton in passender Größe.

- Nun knüllen die Kinder Zeitungspapier locker zusammen und formen
  daraus als eine Art Gerüst einen Rahmen, den sie mit Klebeband auf
  dem Rand des Pappkartons fixieren. Beachten Sie, dass das Papier nicht
  zu fest zusammengeknüllt wird, weil man es dann später nicht mehr
  anpassen und verändern kann.

- Auf das vorgeformte Rahmengerüst tragen die Kinder jetzt mit Kleister
  mehrere Schichten Zeitungspapier auf. Dabei wird der Rahmen immer
  wieder in die gewünschte Form gedrückt. Der innere Bereich des Rahmens bleibt frei.

- Achten Sie darauf, dass die Kinder auch an den Kanten Papier aufkleben,
  damit diese später schön abgerundet wirken.

- Die Bilderrahmen müssen anschließend mindestens 24 Stunden trocknen.

- Nach dem Trocknen können die Kinder ihren Rahmen nach Wunsch
  bemalen oder mit Gold- oder Silberfarbe besprühen.

- Auf die Rückseite wird ein Bilderhaken geklebt. Alternativ verknotet man
  die Enden eines Stücks Schnur, spreizt es als Haken etwas auseinander
  und befestigt es mit starkem Klebeband oder Kleisterpapier.

- Wenn die Farbe getrocknet ist, kann jedes Kind sein Bild in die Mitte
  seines Rahmens kleben.

Tipps:

- Feinmotorisch geübte Kinder können den Rahmen mit weiteren Details
  versehen, indem sie z. B. kleine Papierröllchen oder Papierkugeln aufkleben und mit Kleisterpapier überziehen.

- Die Bilderrahmen eignen sich gut für die Sommerausstellung (S. 56/57).

Malwerkzeuge aus der Natur

Die Kinder haben in den vorangegangenen Aktivitäten bereits Erfahrungen mit Farben und Pinseln gesammelt und dabei bemerkt, dass jeder Pinsel anders ist. Vielleicht bevorzugen sie zum Malen eine bestimmte Länge, Form, Stärke und Härte. Bei diesem Angebot stellen die Kinder sich ihre Malwerkzeuge mithilfe von Materialien aus der Natur selbst her. So entstehen individuelle Werkzeuge, mit denen die Kinder experimentieren können und ihre Möglichkeiten einzuschätzen lernen.

So geht's:

- Machen Sie gemeinsam mit den Kindern einen kurzen Ausflug zu nahegelegenen Wiesen, Feldern, an einen Teich oder Waldrand.

- Dort sammeln sie alles, was sich als Malwerkzeug eignet oder dazu verarbeiten lassen könnte, z.B. Fruchtstände von Süßgräsern und Binsengewächsen, Blätter, immergrüne Zweige, Federn, Rindenstücke. Helfen Sie, falls nötig, mit der Gartenschere beim Abschneiden.

- Die Kinder sollten auch einige Stöckchen sammeln, die später als Pinselstiel dienen können.

- In der Einrichtung werden alle Naturmaterialien – am besten draußen – auf Zeitungspapier ausgebreitet.

- Lassen Sie die Kinder nun ausprobieren, wie sie Malwerkzeuge herstellen könnten, und unterstützen Sie sie dabei, z.B.:

  - Grasstile mit Schnur um ein Stöckchen herumbinden,

  - einen kurzen Tannenzweig an einem Stöckchen befestigen,

  - ein schmales Rindenstück mehrmals einritzen,

  - mehrere Stängel von Gräsern zusammenschnüren.

- Stellen Sie den Kindern bereits beim Experimentieren etwas verdünnte Plakatfarbe, Wasser und Papier zur Verfügung, damit sie ihre Malwerkzeuge gleich testen können.

- Im Anschluss an das Herstellen der Malwerkzeuge sollte die Möglichkeit bestehen, sie den anderen Kindern vorzuführen. Dazu versammeln sich alle im Kreis um einen Tisch oder am Boden.

- In der Mitte liegt ein großes Stück Tapete. Der Reihe nach zeigt nun jedes Kind seinen Pinsel und führt ihn auf der Tapete vor. Ggf. kann es auch kurz beschreiben, woraus das Malwerkzeug erstellt wurde.

- Besprechen Sie, mit welchen Pinseln es sich gut oder weniger gut malen lässt und was die Gründe dafür sind.

- Fotografieren Sie die selbst gestalteten Malwerkzeuge. Die Kinder ordnen das Bild ihrem „Pinselstrich" auf der Tapete zu und kleben es daneben auf. Das Tapetenbild wird anschließend im Gruppenraum aufgehängt.

Tipp:

Ein Foto des Malwerkzeugs kann im Portfolio des jeweiligen Kindes abgeheftet werden und dient so der Dokumentation.

Thema:
Malen

Kompetenzbereiche:
Feinmotorik weiterentwickeln, Fantasie entfalten

Angrenzender Bildungsbereich:
Forschen und entdecken

Kinder:
6–8

Schwierigkeitsgrad:
★ ★ ☆ ☆ ☆

Vorbereitung:
60 Min. (Naturmaterial sammeln), 5 Min.

Aktivität:
60 Min.

Material:
Naturmaterial, Gartenschere, Zeitungspapier, Schnur, Plakatfarbe, Wasserbehälter, Wasser, Papier, ggf. Stück Tapete

Material pro Kind:
Sammelbehälter, Schere

Kreativität und Musik

Thema:
Eine Ausstellung planen

Kompetenzbereiche:
Fantasie entfalten,
strukturiertes Handeln erleben

**Angrenzender
Bildungsbereich:**
Miteinander leben

Kinder:
25

Schwierigkeitsgrad:
★ ★ ★ ☆ ☆ ☆

Vorbereitung:
–

Aktivität:
mehrmals 20 – 30 Min.

Material:
Papier, Bleistift

Unsere Sommerausstellung (1)

In der Aktivgeschichte haben die Kinder von Tinto Pintos Ausstellung im Krankenhaus erfahren und vielleicht selbst eine Ausstellung besucht (siehe S. 45). Bei diesem Angebot können die Kinder selbst eine Ausstellung ihrer Bilder vorbereiten und durchführen und dabei vorausschauendes Denken und strukturiertes Handeln erleben und lernen.

So geht's:

- Knüpfen Sie in einem Gespräch an die Aktivgeschichte oder den eigenen Ausstellungsbesuch (siehe S. 45) an. Dabei sollten folgende Inhalte thematisiert werden:

  – Was ist eine Ausstellung? Was gibt es dort zu sehen?

  – Warum gibt es Ausstellungen?

  – Wer macht Ausstellungen?

  – Wo finden Ausstellungen statt?

- Wenn die Kinder nicht von selbst auf die Idee kommen, so schlagen Sie vor, selbst eine Ausstellung zu machen.

- Überlegen Sie zunächst gemeinsam mit den Kindern, was gezeigt werden soll. In Anlehnung an die Aktivgeschichte kann z. B. das Thema „Sommer" festgelegt werden. Es können entweder bereits vorhandene Werke verwendet werden oder aber die Kinder erstellen speziell für die Ausstellung neue Bilder.

- Überlegen Sie mit den Kindern, welche der fertigen Werke sie ausstellen wollen bzw. welche Maltechniken und Motive die neuen Werke zeigen sollen. Planen Sie für die Gestaltung der Werke ausreichend Zeit ein.

- Planen Sie anschließend die Veranstaltung gemeinsam anhand der folgenden Fragen. Gehen Sie auch auf die Vorschläge der Kinder ein und notieren Sie die Ergebnisse:

  – Wo wollen wir ausstellen?

  – Wann findet die Ausstellung statt?

  – Wer besucht die Ausstellung? Wen laden wir ein? Wie informieren wir die Besucher?

  – Gibt es am Anfang und am Ende der Ausstellung eine kleine Feier (Vernissage / Finissage)? Wen laden wir dazu ein?

- Sobald die grundlegenden Entscheidungen getroffen wurden, kann die weitere Planung und Vorbereitung in kleineren Gruppen erfolgen. Jedes Planungsteam kümmert sich dann um einen Teilbereich (siehe auch S. 57).

Tipp:

Für die Ausstellung eignen sich die Ergebnisse der Angebote der Seiten 43, 45, 49, 50, 52 und 53. Die Bilderrahmen (siehe S. 54) können ebenfalls verwendet werden.

Unsere Sommerausstellung (2)

Die Gruppe hat sich für die Durchführung einer Ausstellung entschieden und die Auswahl der Bilder bereits getroffen. Sobald Ort und Dauer der Veranstaltung feststehen, plant und gestaltet eine Kleingruppe dafür die Werbung, um die Besucher darüber zu informieren und dazu einzuladen.

So geht's:

- Die Kinder überlegen, wie sie für die Ausstellung Werbung machen möchten, z. B. mit Plakaten, Einladungen an bestimmte Gäste und evtl. kleinen Handzetteln.

- Bereits zu diesem Zeitpunkt sollte feststehen, wen die Kinder mit der Werbung erreichen wollen. Außer den Eltern und Familien können z. B. der Träger der Einrichtung (z. B. Kirche, Elterninitiative oder Wohlfahrtsverband), die Bewohner eines Seniorenheims oder Lehrer und Kinder einer Schule eingeladen werden.

- Besprechen Sie jeweils mit den Kindern den Inhalt der Werbemittel.

- Die Gestaltung der Plakate kann folgendermaßen erfolgen:

  - Legen Sie gemeinsam mit den Kindern den Text fest. Was wollen wir mitteilen? Die Informationen sollten kurz und klar formuliert sein.

  - Skizzieren Sie die Anordnung des Textes auf einem Blatt.

  - Die Kinder können nun die mit der Hand geschriebenen Buchstaben auf der Tastatur suchen und den Text in den Computer eintippen.

  - Verwenden Sie für die Gestaltung maximal zwei Schriftarten und höchstens zwei bis drei unterschiedliche Schriftgrößen.

  - Drucken Sie den Text aus.

  - Nun gestalten die Kinder die freie Fläche selbst. Wichtig ist dabei, dass die Plakate sowohl die Auseinandersetzung mit künstlerischen Techniken als auch die Freude der Kinder am kreativen Gestalten widerspiegeln. Daher sollten die Kinder hier viel Freiheit bekommen. Vielleicht wählen sie dafür eine der Techniken, die für die Gestaltung der Kunstwerke verwendet wurde.

- Für Einladungen und evtl. Handzettel ist folgende Vorgehensweise möglich:

  - Die Kinder können ein Bild (z. B. mit Tusche) zeichnen.

  - Gemeinsam wird das Bild anschließend eingescannt.

  - Am Computer gestalten Sie nun eine Karte und / oder einen Handzettel.

  - Auch hier können die Kinder an der Text-Bild-Anordnung und an der Texteingabe beteiligt werden.

  - Drucken Sie die Einladungen / Handzettel in ausreichender Anzahl aus.

- Verteilen Sie die Plakate an Eltern, die sie in den gewünschten Einrichtungen bzw. an weiteren öffentlichen Orten aufhängen. Verschicken Sie die Einladungen bzw. legen Sie die Handzettel an geeigneten Orten aus.

Thema:
Eine Ausstellung planen

Kompetenzbereiche:
Fantasie entfalten,
strukturiertes Handeln erleben

Angrenzende Bildungsbereiche:
Sprache und Literacy,
Miteinander leben

Kinder:
4–6

Schwierigkeitsgrad:
★ ★ ★ ★ ☆ ☆

Vorbereitung:
–

Aktivität:
mehrmals 30 Min.

Material:
festes Papier, Kopierpapier, Farben, Pinsel (auch selbstgemachte), Filz- und Buntstifte, Computer, Drucker

Forschen und entdecken

Vorbemerkungen

Kinder sind Forscher und Entdecker. Sie wollen die Welt, in der sie leben, verstehen und selbsttätig begreifen. Im Sommer, wenn sich die Natur von ihrer schönsten Seite zeigt, gibt es besonders viel zu entdecken und zu erforschen: Die Obstbäume tragen reife Früchte, die Wiesen können barfüßig erkundet werden und die Bienen sammeln eifrig Blütenstaub und Nektar.

Das freudige Interesse der Kinder an alltäglichen Phänomenen ist ein großer Schatz, denn mit der frühen Unterstützung ihres Vergnügens an naturwissenschaftlichen Themen kann eine Grundlage für die lebenslange Neugier an unserer Umwelt geschaffen werden. Die Sensibilisierung für die Schönheit der Erde steht dabei an erster Stelle. Dies schließt auch einen verantwortungsvollen Umgang mit den Ressourcen unseres Planeten mit ein. Schon im Gruppenalltag lernen die Kinder beispielsweise, beim Zähneputzen oder Händewaschen sparsam mit Wasser umzugehen. Auf dem Außengelände des Kindergartens können sie Samen säen und das Wachstum von Blumen beobachten. Sie erleben das Pflanzen, Wässern und Ernten von Kräutern und vielleicht sogar von Gemüse. Im Herbst erfahren die Kinder, dass die Beete winterfest gemacht werden und in der kalten Jahreszeit ruhen.

Wenn es Kindern möglich ist, Bezüge zu ihrer Lebenswelt herzustellen, können sie auch scheinbar schwierige Sachverhalte begreifen. Je mehr Erfahrungen das Kind im Zusammenhang mit einem Thema machen kann – je größer also die Vernetzung von erlebten Wissensinhalten ist –, desto umfassender und anhaltender wird sein Wissen darüber sein. Auch seine Fähigkeit, selbstständig Verbindungen zwischen Erlebnissen zu knüpfen, wird durch ein ganzheitliches Lernkonzept gestärkt. Durch die aktive Aneignung von Wissen wird dieses in seiner Erinnerung verankert. Das Kind macht die für sein zukünftiges Leben wichtige Erfahrung, dass Lernen mit spannenden Fragestellungen verbunden ist und Freude bereitet.

Wissen und Orientierung in der Welt erlangen Kinder demnach durch direkte Anschauungsmöglichkeiten und die Aneignung kausaler Denkprozesse. Auch der Aufbau sozialer Kompetenzen spielt in diesem Zusammenhang eine wichtige Rolle: Indem die Kinder mit- und voneinander lernen, werden sie nicht nur zu Entdeckern, sondern auch zu aktiven Gestaltern ihrer Erlebniswelten.

Aktivgeschichte

In der Aktivgeschichte wird ein kleiner Ausschnitt aus dem Leben der Honigbiene Wilhelmine, einer Arbeiterbiene, geschildert. Wilhelmine ist sehr aufgeregt, da sie zum ersten Mal den Bienenstock verlassen und Blütenstaub sammeln wird. Gemeinsam mit vielen anderen Bienen wartet sie auf eine Kundschafterbiene, die von ihrem Erkundungsflug zurückkehrt und ihnen mitteilt, wo sie den besten Blütenstaub finden können. Wilhelmine passt genau auf, als die Kundschafterbiene mit einem Tanz den Weg zu einer Wiese beschreibt. Schließlich kann sie den Tanz mittanzen – sie weiß jetzt, wohin sie fliegen muss.

Wilhelmine fliegt los und findet die beschriebene Wiese. Sie sammelt reichlich Blütenstaub, den sie in die Körbchen an ihren Hinterbeinen steckt, und fliegt dann wieder nach Hause. Im Bienenstock lädt Wilhelmine ihre schwere Last ab und freut sich bereits auf ihren nächsten Sammelflug.

Die Aktivgeschichte bringt den Kindern die Lebensweise von Honigbienen kindgerecht und ansprechend näher, indem sie Fakten mit spielerischen Elementen verbindet. Das Nachahmen der Bewegungen der Biene macht Spaß und lässt die Kinder aktiv an der Geschichte teilhaben.

Praxisseiten

Der größte Teil der Aktivitäten zu diesem Kapitel beschäftigt sich mit dem Thema Honigbiene. Daher finden Sie dazu zwei ausführliche Infoseiten (S. 64 und 77).

Das Angebot „Gespräch über Bienen" (S. 65) vermittelt den Kindern grundlegendes Wissen zum Aussehen und zur Lebensweise von Bienen, das sie mithilfe der beiden Kinderseiten (S. 66/67) spielerisch vertiefen und mit der Gestaltungsaufgabe „Meine Honigbiene" (S. 67/68) kreativ umsetzen können. Auch das Gestalten von Papierblumen bietet sich an (S. 70).

Die folgenden Seiten greifen den Tanz der Honigbiene aus der Aktivgeschichte auf. Anhand des Tanzes lernen die Kinder ihre Reaktionsfähigkeit zu verbessern (S. 71) und Richtungsanweisungen zu verstehen (S. 72–74).

Beobachtungen in der Natur sind eine wichtig Voraussetzung, um die Lebenswelt der Pflanzen und Tiere erforschen und verstehen zu können. Pflanzen Sie daher mit den Kindern einen Bienengarten (S. 75). Anschließend können die Kinder aus diesen Kräutern kleine Duftpüppchen herstellen (S. 76).

Stellen Sie unbedingt den Transfer von der Geschichte zur Lebenswirklichkeit der Kinder her: Honig und Wachs sind Bienenprodukte, die die Kinder kennen. Klären Sie mithilfe der Infoseite (S. 77) und des Angebots „Honig – ein Bienenprodukt" (S. 78) die Herstellung von Honig. Schließen Sie am Ende des Kapitels den thematischen Kreis, indem sie die Kinder mit dem Material Bienenwachs arbeiten lassen (S. 79).

Vielleicht entstehen bei den Aktivitäten weitere Fragen, die sich mithilfe von Büchern beantworten lassen. Falls möglich, besuchen Sie dafür gemeinsam mit den Kindern eine Bücherei (siehe S. 18), wo sie sich Bücher zum Thema ausleihen.

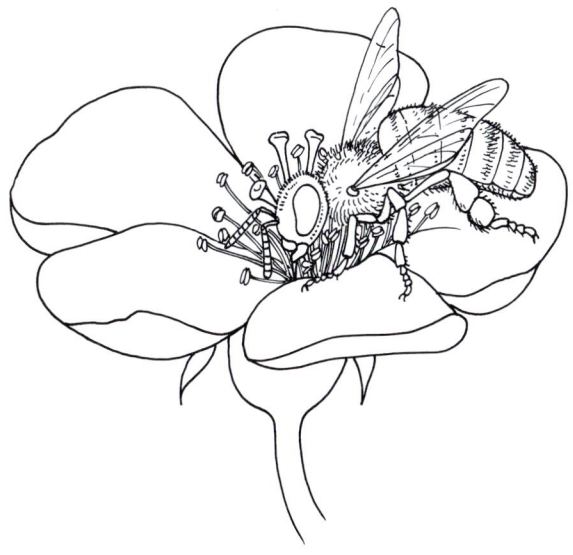

Aktivgeschichte: Honigbiene Wilhelmine

„Mmh!" sagen, Lippen lecken, summen	**Honigbiene** Wilhelmine ist sehr aufgeregt.
leise summen	Drei Wochen lang hat sie fleißig im Bienenstock gearbeitet. Am liebsten hat sie die kleinen **Bienenbabys**, die Larven, mit Pollen gefüttert.
ausgebreitete Arme auf und ab bewegen	Jetzt ist Wilhelmine alt genug. Heute darf sie als Sammlerin hinaus in den Sonnenschein **fliegen**
	und Blütenstaub sammeln. Sie muss nur noch warten, bis eine Kundschafterin von ihrem Flug zurückkehrt und berichtet, wo es den leckersten Nektar und den besten Blütenstaub gibt.
summen	Zusammen mit vielen anderen **Bienen** wartet Wilhelmine. Endlich landet jemand im Flugloch.
summen	Die erste **Kundschafterbiene** ist zurück. Hurra! Wilhelmine freut sich sehr, denn es ist ihre beste Freundin Katharina.
„Mmh!" sagen, Lippen lecken *summen* *summen*	Katharina hat **leckeren Nektar** mitgebracht. Sie lässt die anderen **Bienen** davon probieren. Alle **Bienen** wollen wissen, wo Katharina diesen guten Nektar gefunden hat. Deshalb erzählt die Kundschafterin ihren Freundinnen
ausgebreitete Arme auf und ab bewegen *summen*	von dem großen Kleefeld, das sie auf ihrem **Flug** entdeckt hat. Sie erzählt so, wie **Bienen** eben erzählen: Sie tanzt. Alle Sammlerinnen beobachten sie genau.

Katharina **schwirrt mit den Flügeln**.	*ausgebreitete Arme auf und ab bewegen*
Sie **läuft** ein Stückchen **geradeaus**.	*vier Schritte nach vorne gehen*
Sie macht einen großen **Bogen nach rechts**.	*mit einem Rechtsbogen zum Ausgangspunkt zurückkehren*
Sie **läuft** wieder **geradeaus** und **wackelt mit dem Po**.	*vier Schritte nach vorne gehen und dabei mit dem Po wackeln*
Und sie macht einen großen **Bogen nach links**.	*mit einem Linksbogen zum Ausgangspunkt zurückkehren*
Dann fängt sie wieder von Neuem an.	
Wilhelmine passt gut auf. Es dauert nicht lange und sie hat alles verstanden. Jetzt kann sie Katharinas Tanz schon mittanzen. Die kleine **Honigbiene**	*„Mmh!" sagen, Lippen lecken, summen*
schwirrt mit den Flügeln.	*ausgebreitete Arme auf und ab bewegen*
Sie **läuft** ein Stückchen **geradeaus**.	*vier Schritte nach vorne gehen*
Sie macht einen großen **Bogen nach rechts**.	*mit einem Rechtsbogen zum Ausgangspunkt zurückkehren*
Sie **läuft** wieder **geradeaus** und **wackelt mit dem Po**.	*vier Schritte nach vorne gehen und dabei mit dem Po wackeln*
Und sie macht einen großen **Bogen nach links**.	*mit einem Linksbogen zum Ausgangspunkt zurückkehren*
Dann fängt sie wieder von Neuem an.	
Jetzt tanzen auch die anderen **Bienen** mit.	*summen*
Bald wissen alle, wo es den **leckeren Nektar** gibt.	*„Mmh!" sagen, Lippen lecken*
Und wo man Nektar findet, da gibt es auch Blütenstaub, das weiß Wilhelmine genau.	
Der Himmel ist blau. Die Sonne scheint. Ein sanfter Wind weht. Die **Honigbiene** krabbelt aus dem Flugloch.	*„Mmh!" sagen, Lippen lecken, summen*
Viele andere Sammlerinnen **summen** und	*summen*
schwirren durch die warme Sommerluft.	*ausgebreitete Arme auf und ab bewegen*
Wilhelmine breitet die Flügel aus und **fliegt** zum ersten Mal	*ausgebreitete Arme auf und ab bewegen*
hinaus in die fremde, weite Welt. Sie **fliegt** über Wiesen und Felder, über Wälder und Seen	*ausgebreitete Arme auf und ab bewegen*
und schaut sich um. Überall **duftet** es herrlich nach Blüten und Gras.	*schnuppern*

Forschen und entdecken

Wilhelmine denkt an Katharinas Tanz:

Katharina hat **mit den Flügeln geschwirrt**.

ausgebreitete Arme auf und ab bewegen
vier Schritte nach vorne gehen
mit einem Rechtsbogen zum Ausgangspunkt zurückkehren
vier Schritte nach vorne gehen und dabei mit dem Po wackeln
mit einem Linksbogen zum Ausgangspunkt zurückkehren

Sie ist ein Stückchen **geradeaus gelaufen**.
Sie hat einen großen **Bogen nach rechts** gemacht.

Sie ist wieder **geradeaus gelaufen**
und hat **mit dem Po gewackelt**.
Sie hat einen großen **Bogen nach links** gemacht.

Und dann hat sie wieder von Neuem angefangen.

ausgebreitete Arme auf und ab bewegen

Wilhelmine weiß, wohin sie **fliegen** muss.

Schließlich hat Katharina den Weg ja genau beschrieben.

„Mmh!" sagen, Lippen lecken, summen
ausgebreitete Arme auf und ab bewegen

Die **Honigbiene** steigt leise **summend** hoch in die Luft hinauf.

Weiter und weiter **fliegt** sie.

Es ist herrlich, im Sonnenschein unter dem blauen Himmel dahinzuziehen.

In der Ferne leuchtet etwas violett in der Sonne.
Ein riesiges Blütenmeer.

ausgebreitete Arme auf und ab bewegen
schnuppern

Wilhelmine **fliegt** näher heran.

Ein süßer **Sommerblütenduft** zieht von dem violetten Blumenmeer herauf.
Das sind die Blumen, von denen Katharinas Tanz erzählt hat!
Es riecht wunderbar.
Süß und verheißungsvoll.

Wilhelmine landet mitten in dem blühenden Kleefeld.
Gleich in der ersten Blüte findet sie herrlichen Blütenstaub.
Mit den Vorderbeinen stopft sie die gelben Pollen
in die kleinen Körbchen, die sie **an ihren Hinterbeinen** hat.

mit den Händen den imaginären Blütenstaub in die imaginären Körbchen an den Oberschenkeln stopfen
„Mmh!" sagen, Lippen lecken, summen

So kann die **Honigbiene** den Blütenstaub

beim Fliegen bequem tragen.
Das ist sehr praktisch.

Wilhelmine arbeitet fleißig.

Sie **fliegt** von einer Blüte zur nächsten,	*ausgebreitete Arme auf und ab bewegen*
krabbelt hinein und **stopft** den Blütenstaub **mit ihren Vorderbeinen in die Körbchen an ihren Hinterbeinen**.	*mit den Händen den imaginären Blütenstaub in die imaginären Körbchen an den an Oberschenkeln stopfen*
Noch mehr kann Wilhelmine nicht tragen. Sie muss den Blütenstaub in den Bienenstock bringen.	
Schwerfällig erhebt sich Wilhelmine mit ihrer Last in die Luft. Sie weiß genau, welcher Weg zurück zum Bienenstock führt. Sie **fliegt** über Wiesen und Felder, über Wälder und Seen.	*ausgebreitete Arme auf und ab bewegen*
Sie schaut sich nicht um, obwohl es überall nach Blüten und Gras, nach Blättern und Früchten **duftet**. Sie hat es eilig, nach Hause zu kommen und den Blütenstaub in den Bienenstock zu bringen.	*schnuppern*
Gemeinsam mit vielen anderen **Bienen** erreicht Wilhelmine den Bienenstock. Alle sind schwer bepackt. Manche haben Blütenstaub gesammelt, wie Wilhelmine. Sie bringen das Futter für die kleinen Larven. Andere **Bienen** haben Nektar gesammelt. Daraus wird süßer Honig für den Winter werden. Alle **Bienen** haben fleißig gearbeitet.	*summen* *summen* *summen*
Zufrieden krabbelt **Honigbiene** Wilhelmine	*„Mmh!" sagen, Lippen lecken, summen*
tief hinein in den Bienenstock, um ihren Blütenstaub in den Waben abzulegen. Sie freut sich schon auf morgen. Da wird sie wieder in den warmen Sonnenschein **hinausfliegen**	*ausgebreitete Arme auf und ab bewegen*
und Blütenstaub sammeln.	

Infoseite: Bienen

- Bienen sind Insekten und gehören aufgrund ihrer durchscheinenden Flügel zur Untergruppe der Hautflügler.

- Wenn man von Bienen spricht, ist umgangssprachlich meist die Honigbiene gemeint. Es gibt jedoch weltweit mehr als 20 000 und in Deutschland etwa 500 verschiedene Bienenarten. Neben der in Völkern lebenden Honigbiene gibt es zahlreiche Wildbienen, die oft einzeln leben.

- In jedem Bienenvolk gibt es drei verschiedene Bienentypen:

  - Es gibt eine Königin und nur sie kann Eier legen.

  - Die meisten Bienen – mehrere Tausend – sind Arbeiterinnen, die im Laufe ihres Lebens verschiedene Aufgaben haben: Sie putzen die Wabenzellen, füttern die Larven, bauen aus Wachs Waben oder bewachen das Einflugloch des Bienenstocks. Später suchen sie als Kundschafterinnen neue Futterquellen und bringen als Sammlerinnen Blütensaft und -staub in den Bienenstock.

  - Von April bis Juli gibt es im Bienenvolk männliche Bienen, sogenannte Drohnen. Nach der Paarung mit der Königin stirbt die Drohne.

- Der Körper der Biene ist braun, wobei am Hinterleib einzelne Segmente eine hellere Färbung haben können. Der Brustabschnitt ist gelbbräunlich behaart. Je nach Bienentyp ist der Körper 12 bis 18 Millimeter lang.

- Der Körper der Biene besteht aus den drei Abschnitten Kopf, Brust und Hinterleib. Auf dem Kopf befinden sich der Rüssel und zwei Fühler, an der Brust sitzen die sechs Beine sowie die beiden Flügel und im Hinterleib sitzt ein Stachel.

Hinterleib Brust Kopf

- Bienen ernähren sich ausschließlich vegetarisch von Blütensaft und -staub:

  - Den Blütensaft (Nektar) saugt die Biene mit ihrem Rüssel aus den Blüten und transportiert ihn im „Honigmagen" in den Bienenstock.

  - Die Arbeitsbienen haben an den Hinterbeinen „Sammelbehälter", sogenannte Körbchen, an die sie den Blütenstaub (Pollen) kleben.

- Arbeitsbienen verständigen sich mit verschiedenen Tänzen über die Lage von Futterquellen: Befinden sich diese im Umkreis von bis zu 100 Metern um den Bienenstock, so tanzt die Kundschafterin den Ring- oder Rundtanz. Für weiter entfernt liegende Futterquellen wird der Schwänzeltanz verwendet, der neben der Entfernung zusätzlich die Richtung angibt.

- Bienen sind „blütenstet", d. h. sie fliegen immer nur die Blüten einer Pflanzenart an. Auf diese Weise transportieren sie den richtigen Blütenstaub von einer Blüte zur nächsten. Erst danach wechseln sie zu einer neuen Pflanzenart.

- Die Arbeiterin hat in ihrem Hinterleib einen Giftstachel, mit dem sie sich gegen andere Insekten wehren kann. Sticht sie ein Säugetier oder einen Menschen, bleibt ihr Stachel mit kleinsten Widerhaken hängen. Beim Abflug reißt sich die Biene den Stachel aus dem Körper und stirbt.

Gespräch über Bienen

Regen Sie von der Aktivgeschichte ausgehend ein Gespräch zum Thema Bienen an. Dabei können die Kinder von ihren Erfahrungen berichten und bereits vorhandenes Wissen einbringen. Gespräche unterstützen die Sprechfreude der Kinder. Zugleich können Sie dabei Fortschritte in der Sprachentwicklung beobachten und erhalten Hinweise zur Entwicklung sozialer Kompetenzen.

So geht's:

- Erinnern Sie die Kinder an die beiden Bienen Wilhelmine und Katharina aus der Aktivgeschichte. Welche Aufgaben haben sie? Wo leben sie?

- Die Kinder berichten von eigenen Beobachtungen und Erfahrungen mit Bienen:

    – Wo kann man Bienen oft entdecken?

    – Haben sie schon einmal einen Bienenstock gesehen? Wenn ja, wo?

    – Wurden die Kinder vielleicht schon einmal von einer Biene gestochen?

    – Was stellen Bienen her? (Wachs, Honig)

- Greifen Sie diese Berichte auf und sammeln Sie erste Informationen zur Größe und zum Körperbau (z. B. Stachel) einer Biene.

- Machen Sie gemeinsam einen Ausflug auf eine nahegelegene, ungemähte Wiese, z. B. in einem Park, um Bienen zu beobachten. Dabei sollten die Kinder folgenden Fragen nachgehen:

    – Wie sehen Bienen aus?

    – Wo kann man Bienen bevorzugt finden? Warum?

    – Fällt den Kindern sonst noch etwas Besonderes auf?

- Die Kinder können auch andere Insekten beobachten. Ggf. schlagen sie gemeinsam die Namen in einem Tierbestimmungsbuch nach.

- Fassen Sie im Kindergarten die Ergebnisse der Beobachtung zusammen und klären Sie Fragen, die die Kinder nicht beantworten konnten, gemeinsam oder mit entsprechenden Sachbüchern.

- Weisen Sie in diesem Zusammenhang auch auf die Verwechslungsmöglichkeit der Biene mit der Wespe hin.

- Geben Sie den Kindern weitere Informationen zur Lebensweise der Bienen.

Tipps:

- Bieten Sie den Kindern durch weiterführende Angebote die Möglichkeit, ihr neues Wissen über Bienen kreativ aufzuarbeiten („Die Honigbiene", S. 66, „Meine Honigbiene", S. 67/68) bzw. spielerisch umzusetzen („Der Bienenstock", S. 69).

- Wenn die Kinder beim Ausflug auf die Wiese neben den Bienen und Insekten auch die Blumen genauer betrachten und auf geschlossene Knospen und geöffnete Blüten achten, können Sie hier die Aktivität „Papierblüten" (S. 70) anschließen.

Thema:
Bienen

Kompetenzbereiche:
Wortschatz erweitern, Sprechfreude entwickeln

Angrenzender Bildungsbereich:
Sprache und Literacy

Kinder:
8–12

Schwierigkeitsgrad:
★ ★ ☆ ☆ ☆

Vorbereitung:
5 Min.

Aktivität:
10 Min. (Gespräch), 30 Min. (Ausflug)

Material:
Anschauungsmaterial und Sachbücher zu Bienen, Infoseite „Bienen" (S. 64), Kinderseite „Die Honigbiene" (S. 66), ggf. Tierbestimmungsbuch

Die Honigbiene

Die Biene saugt mit ihrem Rüssel Blütensaft aus der Blüte.
Male das Bild aus.

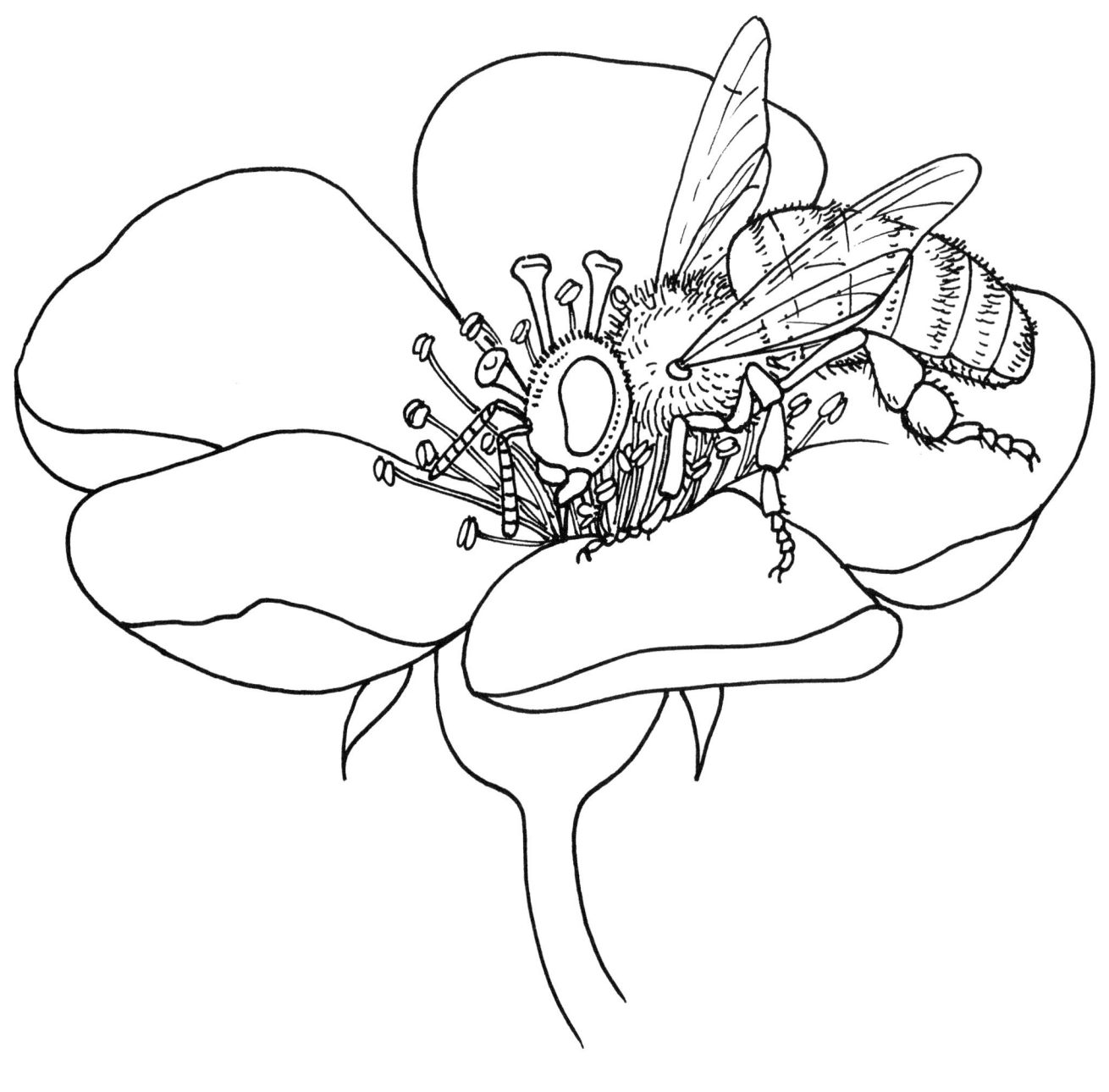

Meine Honigbiene

Die Kinder haben in Gesprächen, im Rahmen eines Erkundungsgangs und anhand von Bildern bereits Kenntnisse über das Aussehen und die Lebensweise von Honigbienen gewonnen. Daran anknüpfend gestalten sie nun selbst eine Biene.

So geht's:

- Rufen Sie den Kindern die Aktivgeschichte und ihren Ausflug zur Wiese in Erinnerung und lassen Sie sie das Aussehen einer Honigbiene beschreiben. Halten Sie ggf. ein Bild einer Honigbiene bereit, um es gemeinsam zu betrachten.

- Thematisieren Sie den Flug der Arbeiterinnen zum Sammeln von Pollen und Nektar und schlagen Sie vor, Bienen zu gestalten.

- Stellen Sie nun den Kindern die Schablonen und die Pfeifenputzer zur Verfügung, die sie zunächst auf dem Tisch zu einer Biene zusammenlegen.

- Die Kinder wählen eine Körperschablone, übertragen die Form auf hellbraunes Tonpapier und schneiden sie aus. Die beiden Flügel werden auf die gleiche Weise aus Butterbrotpapier hergestellt.

- Die Kinder bemalen den Körper jetzt zuerst mit schwarzer Farbe, wobei der Hinterleib schwarz-gelbe Streifen erhält. Auf dem hellbraunen Untergrund entsteht so in etwa die typische Farbgebung einer Biene – in Abgrenzung zur schwarzgelben Farbe einer Wespe. Die Augen können sie als tiefschwarze Punkte auf beiden Seiten des Kopfes aufmalen.

- Für die Beine und Fühler sind an den markierten Stellen im Bienenkörper Löcher nötig. Dafür legen die Kinder jeweils ein Stück Knete darunter und stechen das Loch mit einem spitzen Bleistift durch.

- Zeigen Sie den Kindern, wie die Pfeifenputzer jeweils durch zwei Löcher gesteckt und umgebogen werden: Die Fühler werden von unten nach oben und die Beine jeweils von oben nach unten durchgesteckt.

- Die Flügel werden schließlich mit den Musterbeutelklammern an den markierten Stellen befestigt.

- Jede Biene wird nun möglichst mittig an einem Stück Faden befestigt, sodass sie an einem großen Ast aufgehängt werden kann.

Tipp:

Alternativ können die Kinder ihre Biene auch auf einer „Blume aus Filz" (siehe S. 50) befestigen.

Thema:
Honigbiene

Kompetenzbereiche:
Feinmotorik weiterentwickeln, Formen zusammensetzen

Angrenzender Bildungsbereich:
Kreativität und Musik

Kinder:
3–5

Schwierigkeitsgrad:
★ ★ ★ ☆ ☆

Vorbereitung:
10 Min.

Aktivität:
20 Min.

Material:
ggf. Bild einer Honigbiene, Schablonen der Bienenteile (S. 68) in verschiedenen Größen, hellbraunes Tonpapier, Butterbrotpapier, gelbe und schwarze Stifte oder Wachskreiden, Stück Knete, spitzer Bleistift, Klebstoff, Faden, großer Ast

Material pro Kind:
vier schwarze Pfeifenputzer (5, 11, 13 und 15 cm lang), zwei Musterbeutelklammern, Schere

Gestaltungsvorlage: Honigbiene

✂

- ● Löcher für Pfeifenputzer (Fühler, Beine)
- ○ Löcher für Musterbeutelklammern (Flügel)

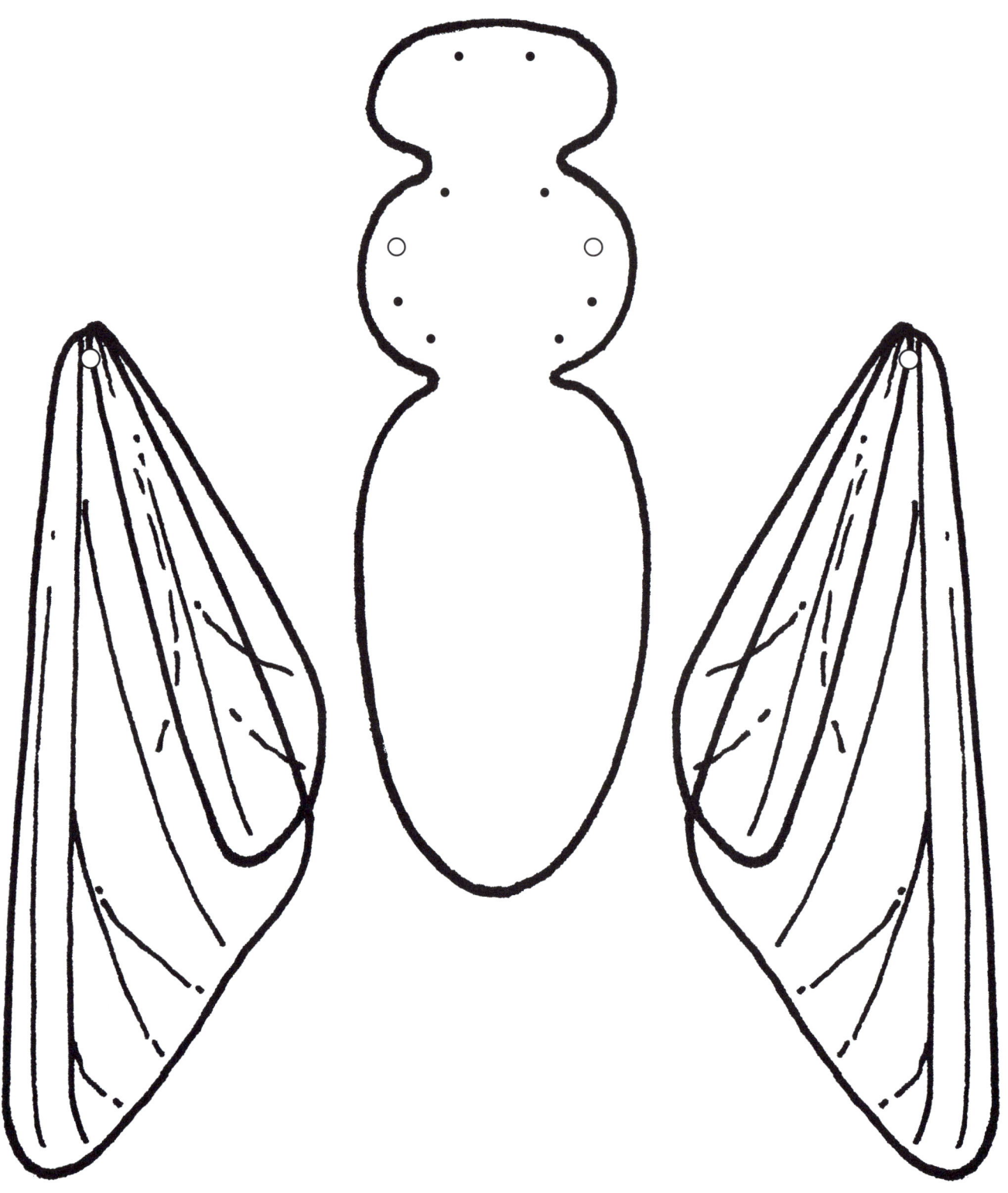

Der Bienenstock

Zu welchem Bienenvolk gehören die Bienen? Fahre die Linien mit verschiedenen Farben nach.

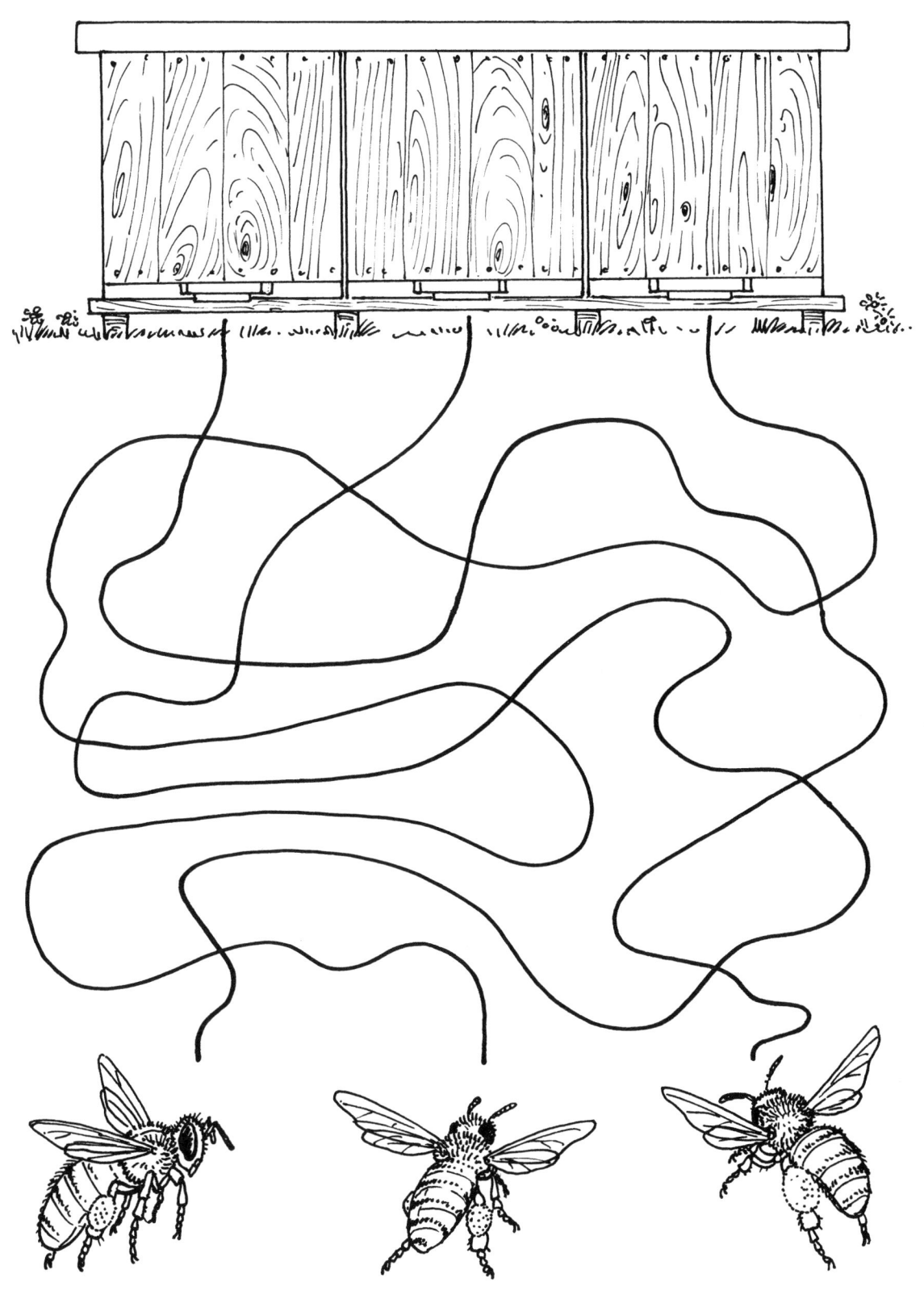

Thema:
Aufblühen von Blumen

Kompetenzbereiche:
Wahrnehmung und
Feinmotorik weiterentwickeln

**Angrenzender
Bildungsbereich:**
Kreativität und Musik

Kinder:
6–8

Schwierigkeitsgrad:
★ ☆ ☆ ☆ ☆ ☆

Vorbereitung:
10 Min.

Aktivität:
10 Min.

Material:
rundes Faltpapier (Ø ca. 12 cm)
in verschiedenen leuchtenden
Farben, eine große Schüssel
oder ein Planschbecken mit
Wasser, selbst geschöpftes
Papier oder Büttenpapier

Material pro Kind:
Schere

Papierblüten

Beim Ausflug auf die Wiese konnten die Kinder noch geschlossene Knospen und bereits geöffnete Blüten sehen. Es ist faszinierend, dass Blumen jeden Morgen ihre Blütenblätter öffnen, sich nach der Sonne ausrichten und abends wieder schließen. Dieses Aufblühen einer Blume können sie mit diesem Versuch nachempfinden.

So geht's:

- Erinnern Sie die Kinder an den Spaziergang auf die Wiese oder an eine andere Beobachtung von Blumen, die ihre Blüten öffnen. Vielleicht konnten die Kinder auch schon einmal Seerosenblüten auf dem Wasser sehen.

- Schlagen Sie vor, Papierblumen „erblühen" zu lassen.

- Jedes Kind nimmt ein rundes Blatt Papier und faltet es jeweils dreimal in der Mitte, sodass ein Achtelkreis entsteht.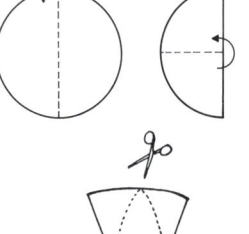

- Dieser Kreis wird nun mit der Spitze nach unten auf den Tisch gelegt und jedes Kind zeichnet eine Blattform auf die obere Hälfte des Papiers.

- Die auf beiden Seiten überstehenden Ecken schneiden die Kinder nun ab.

- Jetzt falten die Kinder das Papier auf und knicken ein Blütenblatt nach dem anderen sorgfältig nach innen und streichen den Falz gut fest.

- Dann legen alle Kinder ihre Blüten möglichst gleichzeitig auf die Wasseroberfläche der Schüssel bzw. des Planschbeckens.

- Die Kinder beobachten, wie sich die Blüte öffnet. Sie erzählen, was sie gesehen haben, und äußern Vermutungen, warum sich die Blüten öffnen.

- Geben Sie den Kindern nun selbst geschöpftes Papier oder Büttenpapier. Sie betrachten es, legen ein Stück davon ins Wasser und beschreiben ihre Beobachtungen. Auf diese Weise können sie mit Ihrer Hilfe leichter nachvollziehen, was bei dem Versuch geschehen ist.

  - Papier besteht aus vielen kleinen Fasern.

  - Werden diese Fasern nass, quellen sie wie ein Schwamm auf.

  - Beim Aufquellen brauchen die Fasern mehr Platz und dehnen sich aus, sodass sich die geknickten Blütenblätter auffalten.

- Alle Kinder nehmen ihre Blüte wieder aus dem Wasser und lassen sie trocknen. Da die Fasern jetzt nicht mehr ordentlich nebeneinander stehen, kann das Papier nicht mehr in die Ausgangsposition zurück.

Tipp:

Diesen Versuch können Sie auch gut an eine gemeinsame Bildbetrachtung der Seerosenbilder des Malers Claude Monet (siehe S. 40) anschließen.

Bienenflug

Nachdem die Kinder aus der Aktivgeschichte und weiteren Aktivitäten bereits einiges über die Lebensweise von Honigbienen erfahren haben, können sie mit diesem Bewegungsspiel ihr Wissen umsetzen und verinnerlichen.

So geht's:

- Erinnern Sie die Kinder an die Honigbiene Wilhelmine und ihren ersten Sammelflug.

- Schlagen Sie den Kindern nun vor, sich in die Situation von Honigbienen zu versetzen und summend von Blüte zu Blüten zu fliegen.

- Zuerst werden im Raum so viele Reifen bzw. Teppichfliesen verteilt, wie Kinder am Spiel beteiligt sind. Das sind die Blüten, die die Kinder als Bienen anfliegen sollen.

- Erklären Sie nun den Ablauf des Spiels:

  - Die Kinder sind die Bienen und fliegen zwischen den Blüten herum, d.h. während sie laufen, bewegen sie beide Arme als Flügel auf und ab und machen dabei ein Summgeräusch.

  - Wenn Sie rufen: „Bienen, Bienen, sammelt fleißig!", sucht sich jede Biene eine Blüte und setzt sich hinein bzw. darauf. Dort können die Kinder das Saugen des Nektars und das Sammeln der Pollen pantomimisch darstellen.

  - Auf Ihren Ruf „Bienen, Bienen, fliegt!" springen die Kinder auf und laufen als Bienen wieder summend durch den Raum.

- Nach ein paar Spielrunden kann auch ein Kind Ihre Rolle übernehmen und ansagen.

- Das Spiel kann so lange fortgeführt werden, wie die Kinder Freude daran haben.

Varianten:

- Zusätzlich zu den beiden Rufen können weitere Kommandos ergänzt werden, wie z. B. „Bienen, Bienen, fliegt zum Bienenstock!", der sich auf einem Teppich oder in einer bestimmten Ecke des Zimmers befindet. Die Kinder haben dafür sicherlich kreative Ideen.

- Wenn Sie zwei Arten von „Blüten" (z. B. Reifen und Teppichfliesen) verwenden, kann vereinbart werden, dass die Kinder immer nur Blüten der gleichen Art anfliegen sollen. Auf diese Weise können sie die Blütenstetigkeit von Bienen (siehe S. 64) nachvollziehen.

Thema:
Bewegung

Kompetenzbereiche:
Wissen mit Bewegung verknüpfen, Reaktionsfähigkeit weiterentwickeln

Angrenzender Bildungsbereich:
Körper, Bewegung und Gesundheit

Kinder:
10–15

Schwierigkeitsgrad:
★ ☆ ☆ ☆ ☆

Vorbereitung:
5 Min.

Aktivität:
10 Min.

Material:
–

Material pro Kind:
ein Reifen oder eine Teppichfliese

Thema:
Orientierung

Kompetenzbereich:
Richtungsanweisungen
verstehen

**Angrenzender
Bildungsbereich:**
Sprache und Literacy

Kinder:
2–4

Schwierigkeitsgrad:
★ ★ ★ ☆ ☆ ☆

Vorbereitung:
5 Min.

Aktivität:
15 Min.

Material:
Karten der Gestaltungsvorlage
(S. 73), Spielplan (S. 74)

Material pro Kind:
Spielfigur

Spiel mit Richtungen

In der Aktivgeschichte werden die Bewegungen beim Tanz der Kundschafterin Katharina mit den Richtungsangaben „links" und „rechts"
genau beschrieben. Auch im Alltag sind diese Anweisungen wichtig und
nur wer sie versteht, kann sich auch entsprechend verhalten. Mit diesem
Spiel trainieren die Kinder die Umsetzung von Richtungsangaben.

So geht's:

- Die Kinder wiederholen den Tanz der Bienen aus der Aktivgeschichte.
  Auf diese Weise haben sie bereits ein körperliches Gefühl für verschiedene Richtungen.

- Sprechen Sie über die vier Richtungen, in die man sich bewegen kann:
  Vor, zurück, nach rechts, nach links. Die Kinder können das konkret
  nachvollziehen, indem sie jeweils einen Schritt in die entsprechende
  Richtung machen.

- Schlagen Sie nun dieses Spiel vor, bei dem es auch um Richtungen geht.
  Das Spielfeld wird in die Mitte des Tisches gelegt und jedes Kind erhält
  eine Spielfigur in seiner Wunschfarbe. Die Richtungskarten mit den
  Pfeilen liegen in einem Stapel offen auf dem Tisch.

- Jetzt werden die beiden Blütenkarten auf zwei entgegengesetzten Seiten
  des Spielplans an den Rand gelegt – das sind der Start- und Zielpunkt
  des Spiels.

- Alle Spieler stellen sich an der Seite des Tisches auf, an der sich der
  Startpunkt befindet.

- Mithilfe der Richtungsangaben „links", „rechts" und „geradeaus" sollen
  die Kinder nun einen Weg von einer Blütenkarte zur anderen über den
  Spielplan bauen. Dabei darf die Pfeilspitze der Richtungskarten niemals
  zum Spielplanrand zeigen.

- Das erste Kind legt neben die Anfangsblüte eine Richtungskarte auf den
  Spielplan, sagt die Richtung an, z. B. „geradeaus", und setzt seine Spielfigur darauf.

- Das nächste Kind nimmt eine neue Richtungskarte und legt sie auf das
  Feld vor der Pfeilspitze seines Vorgängers. Dabei entscheidet es, in welche Richtung sein Pfeil zeigt. Es sagt die entsprechende Richtung an
  und setzt seine Figur darauf.

- Auf diese Weise werden nun der Reihe nach zuerst alle Spielfiguren
  gesetzt. Danach nehmen die Kinder jeweils ihre Spielfigur und stellen
  sie auf die soeben gelegte Karte.

- Wer erreicht mit seiner Spielfigur genau die zweite Blütenkarte?

Variante:

Die Blütenkarten können statt am Rand auch auf dem Spielfeld gesetzt
werden und sollen dann mit den Spielfiguren erreicht werden.

Gestaltungsvorlage: Richtungspfeile

✂

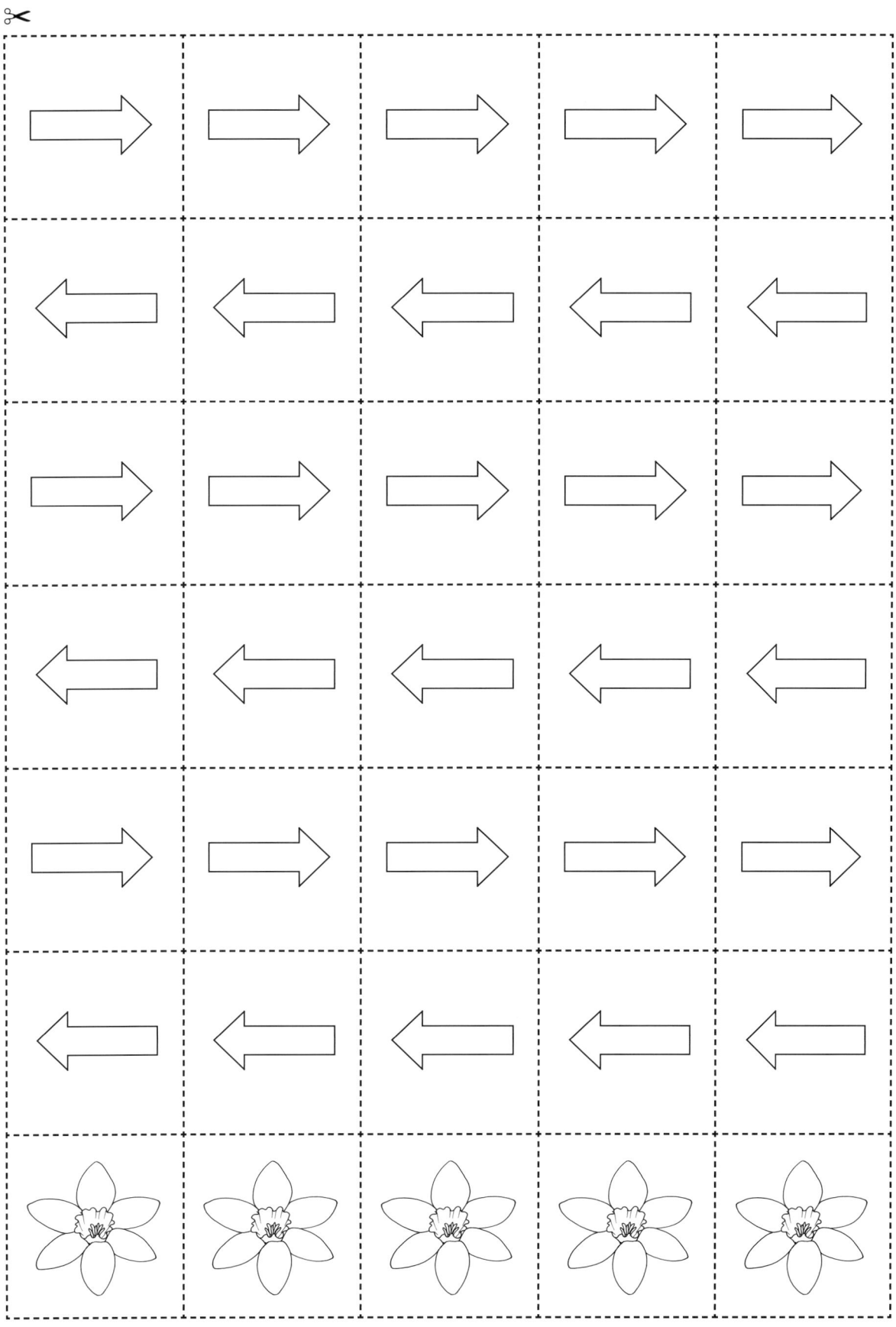

Gestaltungsvorlage: Spielplan

✂

Pflanzen eines Bienengartens

Von der Aktivgeschichte und den daran anschließenden Aktivitäten wissen die Kinder bereits, dass Bienen Blütenpflanzen benötigen, um sich zu ernähren und Honig zu produzieren. Dass sich Bienen beim Sammeln des Blütenstaubs am Duft der Pflanzen orientieren, können die Kinder erfahren, wenn sie einen Bienengarten anlegen. Die Kinder pflanzen in einem Blumenkasten Kräuter an, die Bienen als Futter dienen sollen – eine hervorragende Gelegenheit, um Bienen und anderen Insekten zu beobachten.

So geht's:

- Zeigen Sie den Kindern die vorbereiteten Kräuterpflanzen. Die Kinder betrachten und vergleichen die Blätter und Stiele der Pflanzen und riechen auch daran. Nennen Sie die Namen der einzelnen Kräuter.

- Regen Sie dann ein Gespräch darüber an, was diese Pflanzen mit Bienen zu tun haben könnten.

- Jedes Kind wählt nun eine Pflanze aus, die es anschließend einpflanzt.

- Zunächst werden auf den Boden des Blumenkastens einige Tonscherben gelegt, die das Ablaufen des Wassers ermöglichen sollen. Die Kinder füllen den Blumenkasten etwa zu zwei Dritteln mit Erde.

- Jedes Kind nimmt seine Kräuterpflanze aus dem Blumentopf und pflanzt sie in den Blumenkasten. Besprechen Sie mit den Kindern, dass ausreichend Abstand zwischen den einzelnen Pflanzen nötig ist, damit sie gut wachsen können.

- Die Kinder schaufeln weiter Erde in den Blumenkasten, bis die Wurzelballen der Pflanzen gut bedeckt sind, und gießen ihre Pflanze an.

- Der Blumenkasten wird nun von den Kindern regelmäßig gegossen und gepflegt. Dafür kann evtl. ein Plan erstellt und gemalt werden, der anzeigt, wer gerade dafür zuständig ist.

- Sobald die Kräuterpflanzen blühen, können die Kinder Bienen, Hummeln und andere Insekten beobachten, die den Bienengarten besuchen.

Tipps:

- Stellen Sie den Blumenkasten für den Kräutergarten bereits vor dem Bepflanzen an den endgültigen Platz, da er später wegen seines Gewichts nur noch schwer transportiert werden kann.

- Aus den getrockneten Blüten des Lavendels können die Kinder Duftpüppchen (siehe S. 76) herstellen. Die übrigen Kräuter können für Tee getrocknet (z. B. Pfefferminze, Salbei) oder für verschiedene Rezepte in der Küche verwendet werden.

Varianten:

- Falls möglich, können die Kinder die Kräuter selbstverständlich auch in ein Beet im Garten des Kindergartens pflanzen.

- Lassen Sie die Kinder mehrere Blumenkästen oder Töpfe bepflanzen und sortieren Sie die Kräuter gemeinsam nach Farben, Geschmacksrichtungen oder Duftarten vor.

Thema:
Bienenweide

Kompetenzbereiche:
Naturerfahrungen sammeln, Naturzusammenhänge erkennen, Naturschutz mitgestalten, Feinmotorik weiterentwickeln

Angrenzender Bildungsbereich:
Miteinander leben

Kinder:
3–5

Schwierigkeitsgrad:
★ ★ ☆ ☆ ☆

Vorbereitung:
5 Min.

Aktivität:
15 Min.

Material:
großer Blumenkasten, Kräutererde, Tonscherben eines alten Blumentopfs, kleine Schaufel, Gießkanne und Wasser

Material pro Kind:
eine Kräuterpflanze, z. B. Lavendel, Thymian (in verschiedenen Duftsorten), Salbei, Oregano, Ysop, Pfefferminze, Apfelminze, Bohnenkraut, Borretsch

Forschen und entdecken

Thema:
Gerüche

Kompetenzbereiche:
Wahrnehmung und Feinmotorik
weiterentwickeln

**Angrenzender
Bildungsbereich:**
Kreativität und Musik

Kinder:
6–8

Schwierigkeitsgrad:
★ ★ ★ ☆ ☆ ☆

Vorbereitung:
10 Min.

Aktivität:
30 Min. (Sammeln), 30 Min.
(Gestalten)

Material:
Sammelbehälter, stark duftende
Kräuter, mehrere Stoffbeutel,
mehrere Schüsseln, Stoffreste,
Schnur, Wolle oder Hanf,
Klebstoff, Buntstifte

Material pro Kind:
ein Stoffkreis (Ø 12–15 cm),
ein kleiner Holzkegel als
Puppenkopf

Duftpüppchen

Wenn die Kinder einen Bienengarten angelegt haben (S. 75), haben sie
bereits erlebt, dass die Farben der Blüten und ihr Duft zahlreiche Insekten
anlocken. Der Bienengarten bietet auch eine gute Gelegenheit, die Pflanzen
und Kräuter genauer zu betrachten und ihren Duft einmal bewusst wahrzunehmen. Stark duftende Kräuter wie Lavendel, Salbei und Pfefferminze
eignen sich gut zum Trocknen, sodass die Kinder daraus kleine Duftpüppchen herstellen können.

So geht's:

- Die Kinder riechen an den verschiedenen Pflanzen und berichten von
  ihren Eindrücken: Was riecht gut/schlecht/stark/schwach? Kann man
  auch in der Luft den Duft einzelner Pflanzen noch wahrnehmen?

- Schlagen Sie vor, Kräuter zu trocknen und daraus Duftpüppchen herzustellen, sodass die Kinder sich noch lange an dem Duft erfreuen können.

- Die Kinder wählen nun einen Duft aus und pflücken einige Blüten und
  Blätter für ihre Duftpüppchen.

- Jede Kräuterart wird in einen Stoffbeutel gefüllt und etwa eine Woche
  lang im Freien, aber im Schatten (z. B. unter einem Hausvorsprung) zum
  Trocknen aufgehängt.

- Anschließend werden die getrockneten Kräuter jeweils in Schüsseln
  geschüttet.

- Die Kinder riechen daran, zerreiben sie zwischen den Fingern und
  probieren aus, wann die Kräuter stärker duften. Sie vergleichen den Duft
  der getrockneten Kräuter mit dem Duft der frischen Kräuter.

- Stellen Sie den Kindern nun die Stoffkreise und das weitere Material zur
  Verfügung. Idealerweise können Sie ihnen ein fertiges Duftpüppchen als
  Muster zeigen.

- Jedes Kind breitet seinen Stoffkreis vor sich auf dem Tisch aus und legt
  in die Mitte einige getrocknete Kräuter.

- Jetzt werden die Stoffränder vorsichtig nach oben hin zusammengefasst,
  sodass ein kleiner Beutel entsteht, worin sich die Kräuter befinden.

- Jedes Kind steckt nun oben in den Beutel seinen Kegel, sodass nur die
  Kugel heraussieht, und wickelt straff etwas Schnur um den Kegel und den
  Stoff herum, bis der Kegel fest sitzt. Bei diesem Arbeitsschritt werden die
  Kinder ggf. Ihre Unterstützung brauchen.

- Mit Hanf oder Wolle können die Kinder auf dem Kegelkopf Haare gestalten.

- Zum Schluss zeichnen sie ein Gesicht auf den Kopf.

Tipps:

- Es empfiehlt sich, zunächst selbst ein Duftpüppchen herzustellen, das Sie
  den Kindern als Muster zeigen können.

- Die Duftpüppchen eignen sich als kleine Geschenke für die Eltern.

Infoseite: Bienenstock und Imker

- Bienen benötigen eine sichere Behausung, die sie vor Nässe und Kälte schützt und in der sie ihren Nachwuchs aufziehen können. Daher stellt der Imker ihnen einen Bienenstock zu Verfügung und kümmert sich auch um sie. Das Wort „Imker" stammt vom niederdeutschen Begriff „Imme" für Biene.

- Bei Bienenstöcken handelt es sich heute in der Regel um große Holzkästen, die in Bienenhäusern oder -wagen untergebracht sind. Früher wurden dafür auch umgestülpte Strohkörbe verwendet, die man heute noch manchmal in Museen sehen kann.

- Im Bienenstock bauen die Bienen Waben. Dafür produzieren die Arbeitsbienen in ihrem Körper in speziellen Drüsen Wachs, das sie „ausschwitzen". Wabenzellen sind immer sechseckig. Sie dienen der Aufbewahrung des Blütenstaubs und des Nektars oder als Brutnest für den Nachwuchs.

- Die Arbeitsbienen transportieren den Blütensaft (Nektar) in ihrem „Honigmagen" in den Bienenstock, wo sie ihn an Stockbienen abgeben, die sich um die Verarbeitung kümmern.

- Die Stockbienen sorgen dafür, dass dem Nektar Wasser entzogen wird und er eindickt. Dafür gibt es unterschiedliche Methoden: Der Nektar wird ausgebreitet, damit über die größere Fläche mehr Wasser verdunsten kann. Oder die Verdunstung soll durch Flügelschläge beschleunigt werden, die bewirken, dass die Luft im Bienenstock schneller ausgetauscht und so auch die Luftfeuchtigkeit geringer wird.

- Auf diese Weise wird der Nektar dicker und klebriger und es entsteht eine sirupartige Zuckerlösung, der Honig, die haltbar ist und den Bienen zugleich als Nahrungsvorrat für den Winter dient.

- Der Imker holt die mit Honig gefüllten Waben aus dem Bienenstock heraus. Er schleudert die Waben und gewinnt so den Honig. Als Ersatznahrung stellt der Imker den Bienen im Winter Zuckerwasser zur Verfügung.

- Außerdem schmilzt der Imker das Wachs aus den Bienenwaben. Manche Imker stellen aus dem Wachs der Bienenwaben auch Kerzenwachs her.

Thema:
Honig / Imker

Kompetenzbereich:
Sachwissen erweitern
und vertiefen

**Angrenzender
Bildungsbereich:**
Sprache und Literacy

Kinder:
8 – 12

Schwierigkeitsgrad:
★ ★ ★ ☆ ☆

Vorbereitung:
5 Min.

Aktivität:
10 Min.

Material:
Infoseite „Bienenstock und
Imker" (S. 77), Anschauungsmaterial von Bienen, Bienenstock, Waben und dem Imker
bei der Arbeit in Büchern oder
aus dem Internet, Honig, Brot,
Butter, Messer

Honig – ein Bienenprodukt

Stellen Sie in einem Gespräch mit den Kindern den Zusammenhang zwischen der Sammeltätigkeit der Bienen und der Honiggewinnung durch den Menschen her.

So geht's:

- Regen Sie ausgehend von der Aktivgeschichte ein Gespräch über Bienen an, in dem Sie feststellen können, was die Kinder bereits wissen. Dabei steht die Sammeltätigkeit der Bienen im Vordergrund. Folgende Fragen können dabei als Impulsgeber dienen:

  – Wo könnt ihr Bienen entdecken?

  – Was tun die Bienen den ganzen Tag?

  – Warum fliegen Bienen von Blüte zu Blüte? Was sammeln sie?

  – Wo bringen die Bienen den Blütenstaub und den Nektar hin?

  – Was passiert im Bienenstock mit dem Blütenstaub und dem Nektar?

- Fragen Sie die Kinder nach den Aufgaben und Tätigkeiten eines Imkers. Was wissen die Kinder bereits über die Honiggewinnung?

- Erklären Sie den Kindern mithilfe der Infoseite „Bienenstock und Imker" (S. 77) und anhand von Anschauungsmaterial die Entstehung von Honig aus dem Nektar der Bienen und die Gewinnung durch den Menschen.

Tipps:

- Bereiten Sie mit den Kindern im Anschluss an das Gespräch z. B. ein zweites Frühstück vor, bei dem sie sich Honigbrote machen können. So erreichen Sie eine weitere Verinnerlichung des Themas, da das theoretische Wissen mit einem positiven sinnlichen Erlebnis verknüpft wird.

- Besuchen Sie mit den Kindern einen Imker, um die Gesprächsinhalte begreifbar zu machen und zu festigen. Ist das nicht möglich, so zeigen Sie den Kindern einen kindgerechten Film über die Herstellung von Honig.

Wabenkerze

Die Kinder haben inzwischen vielfältiges Wissen über Bienen und die Bienenprodukte Honig und Wachs gewonnen. Jetzt können sie mit dem Naturmaterial Wachs selbst gestaltend tätig werden. Natürliches Bienenwachs in Plattenform ist bei Imkern oder im Fachhandel erhältlich. Ideal sind Wachsplatten mit geprägtem Wabenmuster.

So geht's:

- Legen Sie Wachsplatten auf den Tisch. Die Kinder berühren sie, riechen daran und lecken evtl. auch an einem kleinen Stück.

- Sprechen Sie mit den Kindern über ihre Sinneseindrücke und reflektieren Sie dabei das bisher Gelernte.

- Zeigen Sie Bilder von Bienenwaben zum Vergleich. Vielleicht haben Sie als Anschauungsmaterial sogar ein Stück echte Wabe von einem Imker.

- Vielleicht kennen die Kinder bereits Bienenwachskerzen, die meist auf Weihnachtsmärkten angeboten werden. Schlagen Sie vor, aus einer Wachsplatte eine duftende Kerze herzustellen.

- Jedes Kind erhält eine lange Wachsplatte und ein Stück Docht.

- Zeigen Sie den Kindern, wie sie den Docht richtig auf die Wachsplatte legen. Evtl. haben Sie dafür das obere Ende der Dochtstücke zuvor farbig markiert. Beide Enden sollten etwas über die Wachsplatte überstehen.

- Nun rollen die Kinder die Wachsplatte von einer Seite her vorsichtig auf. Die erste Runde muss sehr fest gerollt werden, evtl. um den Docht herum sogar geknickt werden, damit er nicht verrutschen kann.

- Die Kerze sollte mindestens einen Durchmesser von drei Zentimetern erhalten, damit sie gut steht.

- Das überstehende untere Ende des Dochtes wird abgeschnitten.

Tipp:

Für die Bienenwachskerze können die Kinder ein einfaches Glas als Windlicht gestalten, indem sie mit Glasmalstiften kleine Bienen oder andere Motive daraufmalen. So können die Kinder die Kerze auch im Freien verwenden, ohne dass der Wind sie auslöscht.

Thema:
Kerzen

Kompetenzbereiche:
Material erkunden, Feinmotorik und Wahrnehmung weiterentwickeln, Fantasie entfalten

Angrenzender Bildungsbereich:
Kreativität und Musik

Kinder:
3–5

Schwierigkeitsgrad:
★ ★ ★ ★ ☆ ☆

Vorbereitung:
5 Min.

Aktivität:
20 Min.

Material:
Bilder von Honigwaben, evtl. Honigwaben, Bienenwachsplatte mit Wabenmuster, evtl. Glasmalstifte

Material pro Kind:
Bienenwachsplatte, Stück geflochtener Docht, evtl. ein Glas

Körper, Bewegung und Gesundheit

Vorbemerkungen

Kinder haben einen natürlichen Drang, sich zu bewegen. Durch Bewegung eignen sie sich die Welt aktiv an, sie erwerben Kenntnisse über ihren Körper und ihre Umwelt. Bewegungserfahrungen sind deshalb nicht nur für eine gesunde motorische Entwicklung wichtig – sie sind entscheidend für die Gesamtentwicklung von Kindern: für die Entwicklung ihrer Wahrnehmungsfähigkeit, für ihre kognitive und soziale Entwicklung und nicht zuletzt für die Ausbildung eines positiven Selbstkonzepts.

Klettern, Laufen, Springen, Toben, Schneiden, Kneten, Matschen, Bauen und Tasten sind einige der Aktivitäten, die Kindern die Möglichkeit geben, die Welt aktiv zu erforschen. Sie bauen damit nicht nur ihre grob- und feinmotorischen Fähigkeiten aus und schulen ihre Geschicklichkeit und den Gleichgewichtssinn. Vielmehr wird auf diese Weise auch die Wahrnehmung unterstützt, die wiederum wichtig ist für die Entwicklung kognitiver Kompetenzen. Das Kind begreift damit aus seiner eigenen Erlebniswelt heraus Zusammenhänge in seiner Umgebung. Diese aktive Form des „Begreifens" ist die Voraussetzung für eine dauerhafte und grundlegende Wissensaneignung. Aus diesen Zusammenhängen wird klar, wie bedeutsam ganzheitliches Lernen ist, das Körper, Geist und Sinne anregt und aus der Verknüpfung verschiedener Bildungsbereiche resultiert.

Auf der sozial-emotionalen Ebene sammeln Kinder durch ihre Bewegungsfreude Erfahrungen mit sich selbst und mit anderen Menschen. Sie lernen, mit anderen zu kommunizieren und sich in andere Menschen einzufühlen. Aus der Erfahrung der eigenen körperlichen Geschicklichkeit speist sich das Gefühl, etwas bewirken zu können. Das Kind fühlt sich stark und mutig, und es ist in der Lage, sich selbst zu behaupten und seine Bedürfnisse zu verbalisieren.

Leider haben Kinder häufig nicht genügend Möglichkeiten, sich frei zu bewegen, und es müssen Arrangements geschaffen werden, damit sie körperlichen Herausforderungen begegnen können. Bleibt das Bewegungsbedürfnis von Kindern eingeschränkt, hat dies nicht nur Folgen für die beschriebenen Entwicklungsprozesse, sondern auch für ihre Gesundheit und körperliche Leistungsfähigkeit.

In diesem Zusammenhang sollten auch die Nutzung des Fernsehens und des Computers sowie das Essverhalten der Kinder einer kritischen Reflexion unterzogen werden, denn übermäßiger Konsum, egal in welcher Form, macht Kinder passiv.

Medien stellen zwar auch didaktisch aufbereitete Informationen bereit, doch können sie eine aktive und bewegungsreiche Erforschung der Umwelt ebenso wenig ersetzen wie den Kontakt zu anderen Kindern und Erwachsenen. Auch beim unkontrollierten Konsum von Süßigkeiten gilt es frühzeitig, Kindern Alternativen anzubieten und sie in ihren Potenzialen zu stärken.

Aktivgeschichte

Die Geschichte „Sportfest in der Blumensiedlung" spielt in einem neuen Wohngebiet. Die Kinder in der neuen Siedlung kennen sich bereits gut und verbringen ihre Freizeit aktiv miteinander: Sie spielen Ball, „Der Plumpsack geht um", Verstecken oder springen Seil. Die Eltern der Kinder haben sich hingegen noch kaum näher kennengelernt, was die Kinder auf die Idee bringt, für alle Bewohner der Siedlung ein Sportfest zu veranstalten.

Das Sportfest wird ein voller Erfolg. Bei Spiel, Sport und Spaß kommen sich alle näher. Beim gemeinsamen Essen unterhalten sich schließlich auch die Erwachsenen angeregt. Die Kinder haben ihr Ziel erreicht. Am Ende sind sich alle sicher: Das war nicht das letzte Sportfest in der Blumensiedlung!

Die Geschichte vermittelt den Kindern spielerisch, dass man selbst aktiv werden und eigene Ideen umsetzen kann. Das Nachahmen der Spiele macht den Kindern Spaß, lässt sie in die Geschichte eintauchen und die Ereignisse miterleben. Der Wunsch, selbst aktiv zu werden und ein eigenes Sportfest zu veranstalten, wird geweckt.

Nebenbei verknüpft die Geschichte geschickt Ernährung und Sport miteinander. Die Kinder lernen so ganz nebenbei, dass gesunde Ernährung und Bewegung zu einem ausgewogenen aktiven Lebenswandel gehören.

Praxisseiten

Die pädagogische Forderung, kindgerechte Angebote sollten körperliche und geistige Fähigkeiten verknüpfen, kommt in der Auswahl der Aktivitäten dieses Kapitels zum Ausdruck. Bewegung, Entspannung und Konzentration werden angeregt und ebenso feinmotorische und sinnesorientierte Fähigkeiten.

Anknüpfend an die Aktivgeschichte werden verschiedene Spiele vorgestellt: Neben einer Variante des Fangens, dem Blumenfangen (S. 86), das den Wortschatz der Kinder erweitert, finden Sie Vorschläge für motorikschulende Seilspiele (S. 87) unterschiedlicher Art. Die Seiten 91/92 stellen zudem das in der Aktivgeschichte genannte Plumpsack-Spiel vor.

Auf den Seiten 88/89 finden Sie ein Sommerlied mit dazu passendem Kreisspiel, das die Kinder einlädt, den Liedtext aktiv in Bewegung umzusetzen. Lassen Sie die Kinder den Sommer mit allen Sinnen wahrnehmen: Mithilfe des Barfußparcours (S. 90) werden die Kinder für ihre Umgebung sensibilisiert und schulen ihre Wahrnehmungsfähigkeit.

Schließlich finden Sie verschiedene Ideen für ein spannendes, aktives und kulinarisches Sportfest: Von der Planung (S. 93) über die Gestaltung der Plakate (S. 94) bis hin zur Kleidung (S. 95) – dem selbst organisierten Sportfest steht nichts mehr im Weg. Da Trinken gerade im Sommer und beim Sport sehr wichtig ist, finden Sie zum Thema Durstlöscher ein Gesprächsangebot (S. 96) und eine Kinderseite (S. 97) zur Vertiefung. Die „Kräuterlimonade" (S. 98) kann als gesunde Alternative einfach selbst zubereitet werden. Die leckeren und gesunden Rezepte (S. 99–103) eignen sich zudem hervorragend als Snack und Stärkung während des Sportfests oder für ein sommerliches Picknick im Grünen.

Lösung

Seite 97

Aktivgeschichte: Sportfest in der Blumensiedlung

beide Hände aufs Herz legen

einen imaginären Ball werfen
„Dreh dich nicht um, denn der
Plumpsack geht um, wer sich
umdreht oder lacht, kriegt den
Buckel schwarz gemacht."
singen
Augen zuhalten, „Eins, zwei,
drei – ich komme!" rufen
ein imaginäres Seil schlagen
und dabei hüpfen

Die Blumensiedlung ist ein ganz neues Wohngebiet.
Das gibt es erst seit letztem Herbst.
Es heißt Blumensiedlung,
weil die Straßen dort alle Blumennamen haben.
Charlotte wohnt zum Beispiel im Maiglöckchenweg
und das Haus von Sandro und seiner Familie steht im Tulpenstieg.
Johan und Nele wohnen in der Rosenstraße
und Frieda ist in ein Haus im Lilienweg eingezogen.
Obwohl die Familien noch nicht lange in der Blumensiedlung
leben, sind die Kinder bereits gute **Freunde** geworden.

Sie toben jeden Tag draußen auf der großen Wiese am Rand
der Siedlung miteinander.
Sie werfen sich einen **Ball** zu
und spielen **Der Plumpsack geht um**.

Sie spielen **Verstecken**

und sie **springen Seil**.

Charlotte, Sandro, Johan, Nele und Frieda haben jeden Tag
viel Spaß. Das ist toll!
Schade ist nur, dass ihre Eltern sich immer noch nicht
richtig kennen, obwohl sie schon länger als ein halbes Jahr
zusammen in der Blumensiedlung leben.

Körper, Bewegung und Gesundheit

Wenn Charlottes Mama Sandros Papa beim Einkaufen trifft,
dann **nicken** sie sich zu
und sagen **„Guten Tag!"** Das ist alles.
Noch nie haben Neles Eltern und Johans Eltern sich zum Kuchen-
essen getroffen, obwohl ihre Häuser direkt nebeneinander stehen.
Das finden Nele und Johan **doof**.

dem Nachbarn zunicken
mitsprechen

mit dem Zeigefinger an die
Stirn tippen

Heute treffen sich die Kinder wieder auf der großen Wiese
am Rand der Siedlung.
Sie werfen sich einen **Ball** zu
und spielen **Der Plumpsack geht um**.
Sie **verstecken** sich

und sie **springen Seil**.

einen imaginären Ball werfen
das Plumpsack-Lied singen
Augen zuhalten, „Eins, zwei,
drei – ich komme!" rufen
ein imaginäres Seil schlagen
und dabei hüpfen

Nach einiger Zeit sind alle außer Atem.
Sie setzen sich zum Ausruhen ins Gras.
Plötzlich sagt Frieda: „Ich habe eine Idee! Wir machen
ein Sportfest auf der Wiese!"
„Ein Sportfest?", fragt Johan. „Warum?"
„Wir machen ein Sportfest und laden unsere Eltern dazu ein",
erklärt Frieda.
„Tolle Idee!", ruft Sandro.

„Und was machen wir bei dem Sportfest?", fragt Johan.
„Na, Sport natürlich, wie sonst auch", erklärt Nele.
„Genau!", ruft Charlotte.
„Wir spielen **Ball**,
Der Plumpsack geht um
und **Verstecken**.

Und wir **springen Seil**!"

einen imaginären Ball werfen
das Plumpsack-Lied singen
Augen zuhalten, „Eins, zwei,
drei – ich komme!" rufen
ein imaginäres Seil schlagen
und dabei hüpfen

„Und unsere Eltern müssen natürlich mitmachen", lacht Nele.
„Dabei lernen sie sich endlich kennen!"
Die Kinder sind begeistert. Nele hat recht.
So ein Sportfest ist eine tolle Idee!

Schon bald wissen nicht nur ihre Eltern, sondern auch
alle anderen Bewohner der Blumensiedlung Bescheid:
Am Samstagnachmittag ist Sportfest auf der großen Wiese.
Alle sind eingeladen und alle wollen kommen.
Die Eltern und die Kinder freuen sich sehr auf das Fest.

Körper, Bewegung und Gesundheit

einen imaginären Ball werfen	Sie können es kaum erwarten,
das Plumpsack-Lied singen	**Ball**,
Augen zuhalten, „Eins, zwei,	**Der Plumpsack geht um**,
drei – ich komme!" rufen	und **Verstecken** zu spielen.
ein imaginäres Seil schlagen	
und dabei hüpfen	Und natürlich **Seil zu springen**.

Am Samstag ist es auf der Wiese sehr voll.
Außer den Familien von Sandro, Johan, Nele, Charlotte und Frieda
sind noch viele andere Menschen zum Sportfest gekommen.
Jede Familie hat etwas mitgebracht:

aus einem imaginären Becher Es gibt **Limonade** und **Saft**,
trinken

in ein imaginäres Würstchen, **Würstchen, Brötchen** und **Kuchen**,
Brötchen oder Kuchenstück
beißen

in einen Pfirsich beißen und **saftige Pfirsiche**
mit der Zunge den Saft rings
um den Mund ablecken

eine Erdbeere mit zwei Fingern und süße rote **Erdbeeren**.
in den Mund stecken

mitsprechen **Mmh!**

„Zuerst wird gespielt!", ruft Nele.
„Essen und trinken können wir später."
Alle sind damit einverstanden.

einen imaginären Ball werfen Die meisten Kinder spielen als erstes **Ball**.
Nele und Johan spielen mit ihren Eltern
das Plumpsack-Lied singen und ein paar anderen Besuchern **Der Plumpsack geht um**.
Sandro spielt mit drei anderen Papas und ihren Kindern
Augen zuhalten, „Eins, zwei, **Verstecken.**
drei – ich komme!" rufen
ein imaginäres Seil schlagen Und Charlotte und Frieda **springen**
und dabei hüpfen mit den restlichen Erwachsenen **Seil**.

ein imaginäres Seil schlagen Später **springen** Charlottes Mama und Johans Papa
und dabei hüpfen mit ein paar Kindern **Seil**,
während die Mamas von Nele und Frieda
das Plumpsack-Lied singen mit anderen Kindern **Der Plumpsack geht um** spielen
und Sandros Papa mit Sandro, Johan, Charlotte
Augen zuhalten, „Eins, zwei, und den Vätern von Nele und Frieda **Verstecken** spielt.
drei – ich komme!" rufen

Das ist ein Trubel auf der großen Wiese.
Alle haben viel Spaß.

Als die Erwachsenen und die Kinder nach einiger Zeit
vom vielen Toben erschöpft sind, setzen sie sich ins Gras
und packen die Leckereien aus, die sie mitgebracht haben.
Sie trinken **Saft** und **Limonade**,

beißen in **Würstchen, Brötchen** und **Kuchen**,

verspeisen **saftige Pfirsiche**

und naschen süße rote **Erdbeeren**.

Mmh!
Alles schmeckt so lecker!

Beim Essen unterhalten sich nicht nur die Kinder,
nein, auch die Erwachsenen plaudern miteinander.
Jetzt kennen sich Neles Mama und Johans Papa.
Sandros Mutter lacht über einen Witz, den Charlottes Vater erzählt,
und Friedas Mama fragt Johans Mama nach einem Kuchenrezept.

Wie gut, dass Nele, Charlotte, Johan, Sandro und Frieda
die großartige Sportfest-Idee hatten!
Beim **Ball** spielen
und beim **Der Plumpsack geht um** spielen,
beim **Verstecken**

und beim **Seilspringen**

haben sich alle Bewohner der Blumensiedlung kennen gelernt.

Und eines ist sicher:
Dieses Sportfest war nicht das letzte Fest,
das in der Blumensiedlung gefeiert wurde!

aus einem imaginären Becher trinken
in ein imaginäres Würstchen, Brötchen oder Kuchenstück beißen
in einen Pfirsich beißen und mit der Zunge den Saft rings um den Mund ablecken
eine Erdbeere mit zwei Fingern in den Mund stecken
mitsprechen

einen imaginären Ball werfen
das Plumpsack-Lied singen
Augen zuhalten, „Eins, zwei, drei – ich komme!" rufen
ein imaginäres Seil schlagen und dabei hüpfen

Thema:
Blumennamen

Kompetenzbereiche:
Motorik und Reaktionsfähigkeit weiterentwickeln, Freude
an Bewegung empfinden

**Angrenzender
Bildungsbereich:**
Sprache und Literacy

Kinder:
10–15

Schwierigkeitsgrad:
★★☆☆☆

Vorbereitung:
–

Aktivität:
10 Min.

Material:
Markierungsgegenstände
wie Verkehrskegel o. Ä.

Blumenfangen

Nachdem die Kinder die Aktivgeschichte kennengelernt haben, können Sie im Anschluss dieses Laufspiel anbieten. Gehen Sie dafür am besten auf eine große Wiese oder in eine Turnhalle.

So geht's:

- Setzen Sie sich zunächst mit den Kindern auf den Boden in einen Kreis.
- Besprechen Sie mit ihnen, welche Straßennamen in der Aktivgeschichte genannt werden: Es gibt einen Maiglöckchenweg, einen Tulpenstieg, eine Rosenstraße und einen Lilienweg.
- Fragen Sie die Kinder nach weiteren Blumennamen und nach dem Aussehen der genannten Blumen.
- Schlagen Sie nun ein Laufspiel vor, bei dem die Kinder verschiedene Blumennamen nennen.
- Stecken Sie gemeinsam das Spielfeld ab.
- Ein Kind wird z. B. mithilfe eines Abzählreims zum Fänger bestimmt.
- Dann bewegen sich alle Kinder frei im Raum. Der Fänger versucht, die anderen Kinder durch Patschen auf den Rücken abzuschlagen.
- Nennt das abgeschlagene Kind sofort einen Blumennamen, wurde es nicht gefangen und darf weiterlaufen.
- Kinder, die abgeschlagen werden und keinen Blumennamen sagen, sind gefangen und müssen stehen bleiben.
- Ein gefangenes Kind kann befreit werden, indem ein freies Kind durch die gegrätschten Beine des Gefangenen durchkriecht. Das befreite Kind darf dann wieder mitlaufen.
- Das Kind, das als letztes übrig bleibt, ist der neue Fänger oder darf einen neuen bestimmen.

Variante:

Statt Blumennamen können die Kinder das Spiel mit beliebigen Ober-
begriffen spielen, z. B. Fahrzeuge, Farben, Automarken, Namen, Zahlen.

Tipp:

Sind es sehr viele Kinder, können gleichzeitig zwei oder mehrere Fänger bestimmt werden.

Seilspiele

In der Aktivgeschichte springen die Kinder der Blumensiedlung gerne Seil. Seile bieten eine große Palette an Möglichkeiten für Spiel und Sport und sind sehr fantasieanregend. Seilspiele bieten sich an, um sowohl Ausdauer und Koordination zu trainieren als auch die sozialen Kompetenzen zu schulen. Gehen Sie für die folgenden Aktivitäten mit den Kindern am besten auf eine große Wiese oder in eine Turnhalle.

So geht's:

- Bieten Sie den Kindern zunächst viele verschiedene Seile in unterschiedlichen Längen und Stärken an und lassen Sie sie eine Weile damit experimentieren und spielen.

- Geben Sie den Kindern nun einige Impulse: Zeigen Sie ihnen beispielsweise, wie man vorwärts und rückwärts seilspringt oder wie man das Seil im Kreis am Boden entlang schwingt und die anderen Kinder darüberspringen können.

- Schwingen Sie gemeinsam mit einem Kind ein langes Seil. Die Kinder können sich entweder hintereinander aufstellen und darüberspringen oder nacheinander hindurchlaufen.

- Spielen Sie mit den Kindern „Schlangenfangen". Teilen Sie dazu die Kinder zunächst in zwei Gruppen ein. Jede Gruppe bekommt ein langes Seil, an dem sich die Kinder hintereinander festhalten, sodass eine Schlange entsteht. Die erste Kinderschlange versucht nun, die zweite zu fangen. Alternativ kann auch der Kopf einer Schlange versuchen, seinen eigenen Schwanz zu fangen.

- Beim „Wagenrennen" ist ein Kind das Pferd und ein Kind der Wagenlenker. Das Seil wird dem vorderen Kind um die Brust gelegt, das hintere Kind hält die Seilenden als Zügel in der Hand. Vereinbaren Sie nun gemeinsam Kommandos, die der Wagenlenker seinem Pferd erteilen kann. Anschließend wird gewechselt.

- Legen Sie alle Seile verteilt auf den Boden, sodass die Kinder auf ihnen balancieren können. Diese Übung bietet sich als Entspannungsphase nach einer anstrengenden Einheit an.

- Schlagen Sie ein Seil über einen stabilen, nicht zu hohen Ast und machen Sie unten einen festen Knoten. Achten Sie darauf, dass die entstandene Schaukel nicht zu hoch hängt, dann haben die Kinder viel Freude mit dem neuen Spielgerät.

Tipps:

- Seile bekommt man günstig als Meterware im Baumarkt. Baumwollseile sind angenehmer für die Hände als Kunststoff, waschbar und lassen sich vielseitig einsetzen.

- Für das Balancieren zwischen zwei Bäumen gibt es spezielle Vorrichtungen zu kaufen. Diese heißen Slacklines und sind im Spielwaren- oder Sportfachhandel erhältlich. Sie bestehen aus einem breiten Spanngurt auf dem balanciert wird, zwei Ratschen und speziellen Baumschlingen, die verhindern, dass der Baum verletzt wird und zugleich einen sicheren Halt des Bandes garantieren.

Thema:
Bewegung

Kompetenzbereiche:
Motorik und Kooperationsfähigkeit weiterentwickeln, Freude an Bewegung empfinden

Angrenzender Bildungsbereich:
Forschen und entdecken

Kinder:
15–20

Schwierigkeitsgrad:
★★☆☆☆

Vorbereitung:
5 Min.

Aktivität:
5 Min., 30 Min.

Material:
Seile aus Baumwolle in verschiedenen Längen und Stärken

Körper, Bewegung und Gesundheit

Sommerlied

Text: Barbara Peters
Melodie: Monika Burger

Refrain:

Hur - ra, hur - ra, hur - ra! Der Som - mer ist nun da!

End - lich wie - der bar - fuß lau - fen, end - lich Eis mit Streu - seln kau - fen.

Ach, wie wun - der - bar, der Som - mer ist nun da.

1. Wenn am blau - en Him - mels - zelt klei - ne Wölk - chen zie - hen,

wärmt die Son - ne Wald und Feld und die Ro - sen blü - hen.

2. Kommt, wir fahren an den Strand,
   baden in den Wellen,
   buddeln Löcher mit der Hand,
   spielen mit den Bällen.

3. Zieh'n die kurzen Hosen an,
   laufen auf die Wiese,
   wo man Blumen pflücken kann.
   Achtung! Duft! Ich niese.

4. Abends bleibt es lange hell
   und in unsern Garten,
   kommt der Igel manchmal schnell.
   Lass uns auf ihn warten.

Kreisspiel: Sommerlied

Nachdem die Kinder das Sommerlied kennengelernt haben, bietet es sich nun an, den Gesang durch einfache Bewegungen zu begleiten.

Ausgangsstellung:

Die Kinder stehen in einem großen Kreis.

Refrain:

Hurra, hurra, hurra! Der Sommer ist nun da!	Die Kinder gehen im Kreis und klatschen.
Endlich wieder barfuß laufen, endlich Eis mit Streuseln kaufen.	Sie stampfen mit den Füßen und schlecken an einer imaginären Eistüte.
Ach, wie wunderbar, der Sommer ist nun da.	Die Kinder gehen im Kreis und klatschen.

Strophen:

1. Wenn am blauen Himmelszelt kleine Wölkchen ziehen,	Die Kinder bleiben stehen, strecken die Hände zum Himmel und drehen sich einmal um sich selbst.
wärmt die Sonne Wald und Feld und die Rosen blühen.	Sie breiten die Arme aus und beschreiben einen großen Kreis.
2. Kommt, wir fahren an den Strand, baden in den Wellen,	Die Kinder machen mit den Armen Schwimmbewegungen,
buddeln Löcher mit der Hand, spielen mit den Bällen.	graben im imaginären Sand und werfen sich imaginäre Bälle zu.
3. Zieh'n die kurzen Hosen an, laufen auf die Wiese,	Die Kinder gehen mit acht Schritten in die Kreismitte und wieder mit acht Schritten zurück,
wo man Blumen pflücken kann. Achtung! Duft! Ich niese.	bleiben stehen und niesen.
4. Abends bleibt es lange hell und in unsern Garten,	Jedes Kind hakt einen Nachbarn ein und die Paare drehen sich.
kommt der Igel manchmal schnell. Lass uns auf ihn warten.	Die Paare ändern beim Drehen die Richtung.

Körper, Bewegung und Gesundheit

Thema:
Sinne

Kompetenzbereiche:
Naturmaterialien kennenlernen,
Körperwahrnehmung schulen

**Angrenzende
Bildungsbereiche:**
Forschen und entdecken,
Miteinander leben

Kinder:
20

Schwierigkeitsgrad:
★ ★ ☆ ☆ ☆

Vorbereitung:
Elternabend, 10 Min.

Aktivität:
ein Tag, 60 Min.

Material:
Naturmaterialien wie: Rinden-
mulch, Laub, Moos, Kiesel,
kleine Zweige, Zapfen von
Nadelbäumen, Sand, Erde,
Baumscheiben

Material pro Kind:
Tasche oder Korb

Barfußparcours

In den Füßen laufen sämtliche Nerven des Körpers zusammen und sie tragen das gesamte Körpergewicht. Veranschaulichen Sie den Kindern, welche Bedeutung die Füße für den Körper haben und geben Sie ihnen Zeit, ihre Füße einmal bewusst wahrzunehmen – machen Sie beispielsweise gemeinsam eine Fußmassage. Wenn es im Sommer warm genug ist, ermöglichen Sie den Kindern so oft es geht, draußen barfuß zu laufen und sprechen Sie anschließend mit ihnen über ihre Eindrücke. Im Folgenden erhalten die Kinder die Möglichkeit, in einem Parcours verschiedene Naturmaterialien mit ihren Füßen zu erfühlen und so wertvolle sensitive Erfahrungen zu sammeln.

So geht's:

- Besprechen Sie zunächst im Team, wo ein fester Barfußparcours angelegt werden kann.

- Stellen Sie die Idee und Ihre Planung an einem eigenen Elternabend vor, um die Eltern für die Grundanlage zu gewinnen. Thematisieren Sie hierbei auch das Barfußlaufen und nehmen Sie den Eltern Ängste vor Verletzungen: Gefahr durch Bienen- oder Wespenstiche besteht nur bei ungemähten Rasenflächen und das Gelände sollte vorher gründlich von Unrat befreit werden.

- Berichten sie den Kindern von dem Barfußweg und sammeln Sie gemeinsam Ideen für Materialien.

- Eine runde Fläche mit mindestens drei Metern Grundfläche und der Umriss der Schnecke werden ausgehoben und die Innen- und Außenbegrenzung aus Pflastersteinen gelegt. Falls für eine runde Fläche kein Platz ist, kann auch ein gerader Weg gestaltet werden.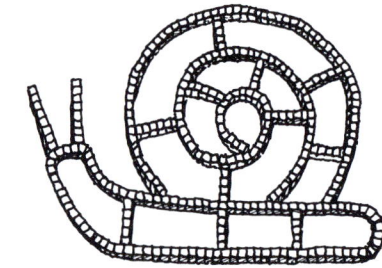

- Anschließend wird die Fläche mit Sand grundiert.

- Sammeln Sie mit den Kindern Material zum Befüllen des Weges in der Natur und ergänzen Sie dieses mit gekauften Materialien.

- Befüllen Sie gemeinsam mit den Kindern den Parcours. Graben Sie dabei die gröberen Materialien fest im Sand ein, sodass man auf der Oberfläche gehen kann.

- Nacheinander befühlen die Kinder nun den Weg mit ihren Füßen. Sie sollten sich viel Zeit lassen und immer wieder darüber sprechen, wie die Materialien heißen und wie sich die verschiedenen Untergründe anfühlen.

Variante:

Anstatt eines festen Parcours können Sie auch stabile Kartons mit unterschiedlichen Materialien befüllen und draußen aufstellen.

Der Plumpsack geht um

Das Spiel „Der Plumpsack geht um", das die Kinder in der Aktivgeschichte spielen, ist weltweit bekannt. Es wird in verschiedenen Abwandlungen gespielt und hat auch verschiedene Namen wie z.B. „Der Fuchs geht um" oder „Faules Ei".

So geht's:

- Füllen Sie einen einfachen Beutel mit kleinen Gegenständen, die möglichst nicht klappern, z.B. Kieselsteine. Falls Sie keinen Beutel zur Hand haben, können Sie auch ein kleines Tuch verwenden.

- Schlagen Sie Ihrer Gruppe vor, wie die Kinder aus der Blumensiedlung das Spiel „Der Plumpsack geht um" zu spielen.

- Zeigen Sie den Kindern den Beutel und erklären Sie ihnen, dass mit Plumpsack ein Kind gemeint ist, das den Beutel hinter dem Rücken eines anderen Kindes verstecken soll.

- Singen Sie den Kindern das Plumpsacklied (S. 92) vor, das während des Spiels gesungen wird. Die Kinder wiederholen es mehrmals und prägen sich so den Text und die Melodie ein.

- Die Kinder stehen oder sitzen im Kreis mit Blick nach innen.

- Ein Kind wird als Plumpsack bestimmt und erhält den Beutel.

- Die Kinder singen das Plumpsacklied.

- Der Plumpsack geht hinter den Kindern im Kreis herum, legt den Beutel möglichst unauffällig hinter einem Kind ab und geht oder läuft dann weiter im Kreis.

- Bemerkt es das Kind, nimmt es den Beutel, rennt dem Plumpsack hinterher und versucht ihn zu fangen.

- Dieser läuft jedoch möglichst schnell um die Gruppe herum und versucht, sich auf den Platz des Fängers zu setzen. Schafft er es, bevor er gefangen wird, wird der Fänger zum Plumpsack.

Thema:
Bewegung

Kompetenzbereiche:
Grobmotorik weiterentwickeln,
Gemeinschaft erleben

Angrenzende Bildungsbereiche:
Kreativität und Musik,
Miteinander leben

Kinder:
10–20

Schwierigkeitsgrad:
★ ☆ ☆ ☆ ☆

Vorbereitung:
5 Min.

Aktivität:
10 Min.

Material:
ein Beutel, ein paar
Kieselsteine

Körper, Bewegung und Gesundheit

Lied: Der Plumpsack geht um

Text und Melodie: volkstümlich

Dreh dich nicht um, denn der Plump - sack geht um.

Wer sich um - dreht o - der lacht, kriegt den Bu - ckel schwarz ge - macht.

Ein Sportfest vorbereiten

Bezugnehmend auf die Aktivgeschichte, in der ein Sportfest stattfindet, können Sie gemeinsam mit den Kindern ein eigenes Sportfest planen und durchführen. Beziehen Sie die Kinder von Anfang an in die Planung und Vorbereitung mit ein und versuchen Sie, deren Ideen zu integrieren.

So geht's:

- Setzen Sie sich mit den Kindern am besten bei schönem Wetter in den Garten oder auf eine sommerliche Wiese.

- Erinnern Sie die Kinder an die Aktivgeschichte und das Sportfest und schlagen Sie vor, ein eigenes Sportfest im Kindergarten zu feiern.

- Überlegen Sie gemeinsam mit den Kindern, welche Sportarten und welche Spiele dabei vorkommen sollen.

- Fragen Sie die Kinder nach ihren Ideen:

  – Wie kann man das Fest beginnen, durchführen und beenden?

  – Wer soll das Fest feiern? Nur die Kinder oder auch die Eltern?

  – Wenn die Eltern eingeladen werden – sollen sie dann auch aktiv mitmachen?

  – Was gibt es zu essen und zu trinken?

  – Gibt es einen Wettbewerb oder soll es z. B. verschiedene Stationen geben?

- Schlagen Sie den Kindern vor, die Festvorbereitung in Kleingruppen zu erledigen. Sie suchen sich aus, wo sie mithelfen wollen: Plakate malen (siehe S. 94), Einladungen entwerfen, Spielideen entwickeln und festlegen, Ablauf planen, Material für die Spiele herstellen usw.

Thema:
Eine Veranstaltung planen

Kompetenzbereiche:
soziale Kontakte herstellen, Kreativität entfalten, Kooperationsfähigkeit weiterentwickeln

Angrenzende Bildungsbereiche:
Miteinander leben, Sprache und Literacy

Kinder:
25

Schwierigkeitsgrad:
★ ★ ☆ ☆ ☆

Vorbereitung:
–

Aktivität:
30 Min.

Material:
Papier, Bleistift

Thema:
Werbung

Kompetenzbereiche:
Kreativität entfalten,
Kooperationsfähigkeit
weiterentwickeln

**Angrenzende
Bildungsbereiche:**
Sprache und Literacy,
Kreativität und Musik

Kinder:
6

Schwierigkeitsgrad:
★ ★ ★ ☆ ☆ ☆

Vorbereitung:
10 Min.

Aktivität:
60 Min.

Material:
große Bögen Tonpapier,
Farben, Pinsel, Stifte, Kleber

Plakate gestalten

Damit alle Eltern vom Sportfest erfahren und vielleicht auch noch Gäste aus dem Umfeld des Kindergartens, sollten die Kinder Werbung machen. Das Gestalten und Aufhängen von Plakaten in der Umgebung bereitet die Kinder auf das Fest vor und steigert außerdem die Vorfreude.

So geht's:

- Bereiten Sie die Papierbögen für die Plakate so vor, dass sich die Kinder ausschließlich auf die Bildgestaltung konzentrieren können. Schreiben Sie die Überschrift sowie Ort und Zeit der Veranstaltung auf die Bögen. Große, plakative Buchstaben können die Kinder ausmalen.

- Besprechen Sie anschließend in der Gruppe, was auf den Plakaten zu sehen sein soll und machen Sie eine Skizze. Wenn alle mit dem Entwurf einverstanden sind, können die Kinder anfangen zu malen.

- Lassen Sie ihnen freie Hand bei der Gestaltung. Weisen Sie sie jedoch darauf hin, möglichst großflächig zu malen und helle Farben zu verwenden.

- Alternativ können Sie die Texte auch am Computer erstellen und ausdrucken. Bevor die Kinder die Texte aufkleben sollten sie besprechen, welchen Fleck sie dafür aussparen müssen.

- Hängen Sie die Plakate mit den Kindern gemeinsam auf.

Tipp:

Überlegen Sie sich gemeinsam ein Logo, das beim Sportfest sowohl auf den Plakaten als auch auf den T-Shirts zu sehen ist.

T-Shirts gestalten

Eine weitere Möglichkeit, die Kinder auf das bevorstehende Sportfest ein-
zustimmen, ist die Gestaltung von T-Shirts. Gleiche Kleidung, die zu einem
bestimmten Anlass getragen wird, stärkt zudem das Gruppengefühl.

So geht's:

- Besorgen Sie einfache, einfarbige T-Shirts in den Größen der Kinder.

- Jedes Kind muss in sein T-Shirt einen dickeren Pappkarton oder Zeitungspapier stecken, damit die nasse Stoffmalfarbe nicht auf die andere Stoff-
lage übertragen wird.

- Die Kinder werden informiert, wie sie mit den Farben umgehen sollen.
Je nachdem, was Sie anbieten, erklären Sie, dass die flüssigen Stoff-
farben mit wenig Wasser verrührt werden, damit die Farbe nicht im Stoff
ausläuft. Stifte sollten nicht für große Flächen verwendet werden.

- Fertigen Sie aus Moosgummi oder einer Kartoffel einen einfachen Stempel
mit dem Sportfestlogo an. So können die Kinder das Symbol mit etwas
Stoffmalfarbe auf ihre Kleidungsstücke stempeln.

- Jedes Kind wählt für sein T-Shirt ein beliebiges Motiv aus und gestaltet es,
wie es möchte. So kann es z. B. nur eine Seite bemalen und seinen Namen
dazuschreiben oder die Rückseite bemalen und auf die Vorderseite den
Namen schreiben.

Variante:

Bieten Sie außer T-Shirts auch kurze Hosen, Sportbeutel oder Caps zum
Bemalen an.

Tipps:

- Lassen Sie die Kinder das Kleidungsstück, das sie bemalen möchten,
von zu Hause mitbringen. Alternativ ist es möglich, vor der Aktion eine
Spendenkasse einzurichten, zu der alle Eltern ihren finanziellen Möglichkeiten entsprechend einen Beitrag leisten, und aus der anschließend alle
T-Shirts finanziert werden.

- Sie können auch direkt beim Sportfest eine Station anbieten, an der die
Textilien gestaltet werden. Hierbei bietet es sich an, Eltern einzusetzen,
die die Aktion betreuen und den Kindern zur Hand gehen.

Thema:
Kleidung

Kompetenzbereiche:
Feinmotorik und Kooperationsfähigkeit weiterentwickeln,
Kreativität entfalten, Gruppengefühl erleben

**Angrenzende
Bildungsbereiche:**
Kreativität und Musik,
Miteinander leben

Kinder:
6

Schwierigkeitsgrad:
★ ★ ★ ☆ ☆

Vorbereitung:
10 Min.

Aktivität:
60 Min.

Material:
Stoffstifte, Stoffmalfarben,
Pinsel, Pappkarton oder
Zeitungspapier, Moosgummi
oder Kartoffel und Messer

Material pro Kind:
ein einfarbiges T-Shirt oder
andere Textilien zum Bemalen

Thema:
Gesundheit

Kompetenzbereiche:
Sachwissen und Wortschatz erweitern, Erzählfähigkeit weiterentwickeln

---

Angrenzender Bildungsbereich:
Sprache und Literacy

Kinder:
8 – 12

Schwierigkeitsgrad:
★ ★ ☆ ☆ ☆ ☆

Vorbereitung:
5 Min.

Aktivität:
10 Min.

Material:
verschiedene gesunde und weniger gesunde Getränke

Gute und schlechte Durstlöscher

Essen und Trinken sind wichtige Festelemente. Doch gerade Getränke für Kinder enthalten häufig nicht die in der Werbung und auf den Verpackungen versprochenen gesunden Inhaltsstoffe, sondern viel Zucker, Aromastoffe, Farbstoffe und kaum echten Fruchtsaft. Die folgende Anregung für ein Gespräch soll die Kinder dafür sensibilisieren, was gesund ist und welche Getränke den Durst wirklich stillen.

So geht's:

- Erinnern Sie die Kinder an die Aktivgeschichte und das Sportfest. Die Kinder in der Blumensiedlung bewegen sich viel und bekommen Durst.

- Die Kinder probieren zunächst verschiedene Getränke und äußern ihre Meinung dazu.

- Stellen Sie den Kindern Fragen zu ihren Trinkgewohnheiten und entwickeln Sie daraus ein Gespräch über gesunde und ungesunde Getränke.

  – Warum trinkst du bestimmte Getränke lieber als andere?

  – Was trinkst du, wenn du großen Durst hast?

  – Was trinkst du, wenn du spielst oder beim Essen?

  – Löschen alle Getränke deinen Durst gleich gut?

  – Warum löschen manche Getränke den Durst besonders gut und manche nicht?

  – Welche Getränke sind gesund, welche sind ungesund? Warum?

- Gesunde Alternativen zum besten Durstlöscher, dem Wasser, sind:

  – ungesüßter Früchtetee, evtl. mit Apfelsaft als Süßungsmittel gemischt

  – leicht mit Honig gesüßter Kräutertee, eisgekühlt

  – selbstgemachte Limonaden aus frischen Zitrusfrüchten oder Kräutern

  – Saftschorlen

- Im Anschluss an das Gespräch könnten Sie mit den Kindern die Kräuterlimonade (S. 98) oder andere gesunde Getränke herstellen.

Tipps:

- Achten Sie beim Erwerb von Saft darauf, echten Saft ohne Zuckerzusatz und Zuckerersatzstoffe zu kaufen.

- Saftschorlen sollten aus $2/3$ Wasser und maximal $1/3$ Saft bestehen. Gut schmeckt auch ein Spritzer echter Zitronen- oder Orangensaft im Wasser.

- Eistee aus dem Handel besteht ebenfalls überwiegend aus Zucker und schwarzem Tee, der wiederum Koffein enthält.

- Im Anschluss an das Gespräch bearbeiten die Kinder das Angebot „Durstlöscher" (S. 97).

Durstlöscher

Johan und Nele haben Fußball gespielt und sind jetzt sehr durstig.
Kreise nur diejenigen Getränke ein, die den Durst löschen.

Körper, Bewegung und Gesundheit

Thema:
Getränke

Kompetenzbereich:
gesunde Getränke
kennenlernen

**Angrenzender
Bildungsbereich:**
Forschen und entdecken

Kinder:
4–6

Schwierigkeitsgrad:
★ ★ ☆ ☆ ☆

Vorbereitung:
5 Min.

Aktivität:
15 Min., 5 Min.

Material:
Küchentücher, Schüssel,
Messer, Schneidebrett,
Zitronenpresse, 2–3 Glas-
karaffen (2 Liter Inhalt),
Esslöffel, Schneebesen

Material pro Kind:
Trinkglas, Strohhalm

Kräuterlimonade

Mit diesem Rezept lernen die Kinder eine gesunde und dennoch schmack-
hafte Alternative zu süßen Limonaden kennen, die sich auch sehr gut für
das Sportfest (S. 93) eignet. Gerade im Sommer ist es wichtig, dass die
Kinder nach dem Spielen und Toben im Freien ausreichend trinken.

Zutaten für zwei Liter Limonade:

2 Handvoll frische Kräuter (z. B. Zitronenmelisse, Pfefferminze, Giersch,
Gundermann), 4 Limetten, 4 Esslöffel flüssiger Honig (z. B. Akazienhonig)
oder 2 Esslöffel Ahornsirup, 2 Liter Mineralwasser

So geht's:

- Sammeln Sie zunächst gemeinsam mit den Kindern geeignete Kräuter:
  Zitronenmelisse und Pfefferminze wachsen vielleicht im Garten oder
  sind in Töpfen erhältlich. Junge Blätter der Wildkräuter wie Giersch und
  Gundermann findet man oft als „Unkraut" im Garten oder auf einem
  Ausflug.

- Die Kräuter werden unter fließendem Wasser kurz gewaschen und mit
  Küchentüchern trockengetupft. Dann zupfen die Kinder die Blätter von
  den Stielen und geben sie in eine Schüssel.

- Sie halbieren die Limetten mit dem Küchenmesser und pressen sie aus.
  Lassen Sie die Kinder etwas Saft probieren und mit dem ihnen bekanntem
  Zitronensaft vergleichen. Dann geben sie den Limettensaft in eine Glas-
  karaffe.

- Nun fügen die Kinder den Honig bzw. den Ahornsirup hinzu und verrühren
  beides mit einem Schneebesen gut mit dem Limettensaft.

- Die frischen Kräuterblätter gibt man nun zu dem gesüßten Limettensaft,
  stellt das Ganze kühl und lässt es mindestens zwei Stunden ziehen.

- Anschließend wird die süße Essenz auf 2–3 Glaskaraffen verteilt.

- Die Kinder füllen die Karaffen mit kaltem Mineralwasser auf. Achten Sie
  darauf, dass sie das Mineralwasser langsam hineingießen, da die Limonade schäumt.

- Das fertige Getränk wird mit den Blättern auf Gläser verteilt.

- Wenn die Kinder die Limonade mit einem Strohhalm trinken, bleiben die
  Kräuterblätter im Glas. Sie können sie aber auch essen.

Varianten:

- Statt frischer Kräuter können Sie im Bioladen oder in der Apotheke getrocknete Kräuter bzw. Blüten besorgen, die es als „Blütentee" zu kaufen
  gibt. Pro Liter Limonade benötigen Sie davon etwa einen gehäuften
  Esslöffel.

- Wenn die Blütenessenz statt mit Mineralwasser mit Leitungswasser
  aufgefüllt wird, können die Kinder das Getränk in Eisbehältern einfrieren.
  So erhalten sie leckeres Wassereis.

Fruchteis

Eis gehört zum Sommer wie der Sonnenschein und das Baden im See. Eis zu kaufen ist nicht immer möglich und außerdem teuer. Schlagen Sie den Kindern vor, Eis selbst zu machen. Beim Arbeiten mit frischen Früchten lernen die Kinder verschiedene Obstsorten kennen.

Zutaten für 25 Portionen:

2 kg frische Früchte (z. B. Erdbeeren, Kirschen, Bananen, Himbeeren, Aprikosen, Pfirsiche), 800 g Joghurt oder Buttermilch, ca. 400 g flüssiger Honig

So geht's:

- Besprechen Sie mit den Kindern im Vorfeld, welche Zutaten zum Eismachen benötigt werden, und kaufen Sie sie gemeinsam ein.

- Am Tag der Zubereitung werden die Früchte kurz unter fließendem Wasser gewaschen und anschließend abgetrocknet.

- Die Kinder betrachten die Früchte genau und riechen daran. Dann schneiden sie das Obst auf dem Schneidebrett in kleine Stücke und probieren, wie die Früchte schmecken.

- Zeigen sie den Kindern, wie man mit dem Pürierstab umgeht. Weisen Sie sie auf mögliche Gefahren im Umgang hin. Die Kinder halten den Pürierstab mit beiden Händen fest und schalten ihn nur ein, wenn er sich im Gefäß befindet. Unterstützen Sie ggf. das Kind, das püriert. Die anderen Kinder können beim Pürieren helfen, indem Sie die Fruchtstücke portionsweise in die jeweiligen hohen Gefäße füllen und diese beim Pürieren festhalten.

- Die Kinder geben den Joghurt oder die Buttermilch hinzu. Falls die Masse noch nicht süß genug ist, kann mit einem Löffel noch etwas Honig hinzugefügt werden.

- Die Kinder füllen die Creme vorsichtig in die Stieleisförmchen oder Eiswürfelbehälter und stecken kleine Holzstäbchen hinein.

- Die Formen müssen für einige Stunden, am besten über Nacht, ins Eisfach.

Variante:

- Kaufen Sie guten Fruchtsaft oder pressen Sie ihn selbst aus. Die Kinder legen ein Stückchen Frucht in eine Eisform und schütten etwas Saft darauf. Nach dem Anfrieren im Eisfach kann der Eisspieß hineingesteckt werden.

Tipps:

- Lassen Sie die Kinder experimentieren und selbst leckere Rezepte erfinden.

- Fruchteiswürfel sehen toll in Getränken aus. Bereiten Sie zusammen mit den Kindern verschiedene Eiswürfel mit Früchten und verdünntem Saft z. B. für das Sportfest (S. 93) vor.

Thema:
Ernährung

Kompetenzbereiche:
Feinmotorik weiterentwickeln,
Früchte kennenlernen

**Angrenzender
Bildungsbereich:**
Forschen und entdecken

Kinder:
4–6

Schwierigkeitsgrad:
★ ★ ☆ ☆ ☆

Vorbereitung:
5 Min. (ohne Einkauf)

Aktivität:
20 Min.

Material:
Mixer oder Pürierstab,
hohe Gefäße

Material pro Kind:
Stieleisförmchen oder
Eiswürfelbehälter und Holzstäbchen, Schneidemesser,
Schneidebrett, Teelöffel

Körper, Bewegung und Gesundheit

Thema:
Ernährung

Kompetenzbereiche:
Feinmotorik weiterentwickeln,
vegetarische Speisen
kennenlernen

**Angrenzender
Bildungsbereich:**
Forschen und entdecken

Kinder:
4 – 6

Schwierigkeitsgrad:
★ ★ ☆ ☆ ☆

Vorbereitung:
5 Min. (ohne Einkauf)

Aktivität:
20 Min.

Material:
Topf, Schneidemesser,
Rührschüssel, Esslöffel, Teller,
Besteck

Vegetarische Burger

Zu einem richtigen Sportfest gehört neben ausreichend Getränken auch gesundes Essen. Hierfür bieten sich vegetarische Burger an, die von den Kindern vorbereitet werden und außerdem auch für muslimische Kinder und Gäste geeignet sind.

Zutaten für acht Burger:

16 kleine Scheiben Brot oder 8 (Vollkorn-)Brötchen, ½ Tasse Grünkern-schrot, ½ Tasse Gemüsebrühe, 2 mittelgroße Karotten, 1 kleine Zwiebel, 2 Esslöffel Tomatenmark, 1 kleine Tasse geriebener Käse, 1 Ei, 2 Esslöffel Maismehl, 1 Prise Salz, Pfeffer, 1 Bund Petersilie, Ketchup und fettarme Mayonnaise, 1 Gurke, 2 Tomaten, ca. ¼ Eissalat

So geht's:

- Zunächst besprechen Sie mit den Kindern, was „vegetarisch" bedeutet. Zeigen Sie ihnen die Zutaten und klären Sie den Unterschied zu „norma-len" Burgern. Lassen Sie die Kinder selbst überlegen und sprechen Sie über die Eigenschaften einzelner Zutaten und warum diese gesund sind.

- Vor dem Kochen waschen sich alle Kinder gründlich die Hände.

- Die Kinder weichen das Grünkernschrot mindestens 15 Minuten in der warmen Gemüsebrühe ein, sodass eine dicke Masse entsteht.

- Inzwischen schneiden Sie die Karotten und die Zwiebel zu sehr kleinen Würfeln. Die Petersilie wird ebenfalls sehr fein geschnitten.

- Nun geben die Kinder das eingeweichte Schrot zusammen mit den Karotten, den Zwiebeln, dem Tomatenmark, dem Käse, dem Ei und den Gewürzen samt Petersilie in eine Schüssel und kneten es gut durch.

- Die Kinder geben löffelweise Maismehl hinzu, bis die Masse dick genug ist. Dann formen Sie runde Fladen und legen sie auf einen flachen Teller.

- Die Fladen lassen sich gut vorbereiten, indem Sie sie sofort zubereiten und später kalt servieren. Braten Sie sie in der Pfanne oder backen Sie sie auf einem Backblech mit Backpapier im Ofen knusprig aus.

- Die Kinder waschen das Gemüse. Sie schneiden die Gurke und die Toma-ten in dünne Scheiben, zupfen den Salat in Stücke und stellen alles kühl.

- Die Brötchen oder das Brot können in der Pfanne oder auf dem Grill etwas vorgetoastet werden.

- Richten Sie alle vorbereiteten Zutaten sowie Ketchup und Mayonnaise so an, dass sich jeder seinen Burger selbst belegen kann.

Tipps:

- Falls Ihnen bei einem Fest genug Helfer zur Verfügung stehen, können Sie die Fladen auf dem Grill braten. Dafür muss der Teig dick genug sein.

- Die Kinder können aus dem Teig auch kleine Kugeln formen, die anschlie-ßend gebraten werden. Solche Leckereien sind auch ideale Snacks für Ausflüge.

Fruchtshakes

Natürlich darf gelegentlich auch genascht werden, aber dafür gibt es gesunde Alternativen zu den üblichen Süßigkeiten. Da die Kinder bei viel Bewegung und warmen Temperaturen viel Durst haben, bietet es sich an, leckere Fruchtshakes zu mixen.

Zutaten für sechs Gläser „Smoothies":

2 Schalen verschiedene Beeren (Brombeeren, Himbeeren, Johannisbeeren, Erdbeeren), 1 Banane, 1 Liter Saft (z. B. Orangen- oder Apfelsaft), evtl. 1–2 Esslöffel flüssiger Honig

Achten Sie darauf, dass der Saft zu den Früchten passt: Nimmt man überwiegend saure Früchte, passt eher süßer Saft, z. B. Apfelsaft.

So geht's:

- Die Kinder waschen und putzen die verschiedenen Beeren und geben sie zusammen mit dem Saft in den Mixer.

- Die Mischung wird kurz püriert und evtl. mit etwas Honig abgeschmeckt.

- Gut gekühlt schmeckt das Getränk am besten.

Zutaten für sechs Gläser „Buttermilchshakes":

1 Liter Buttermilch, 2 Becher Naturjoghurt, 2 Schalen verschiedene Beeren nach Geschmack, 1 große Banane, evtl. 1–2 Esslöffel flüssiger Honig oder Ahornsirup

So geht's:

- Die Kinder waschen und putzen die Früchte und geben sie zusammen mit der Buttermilch und dem Joghurt in den Mixer.

- Die Mischung wird so lange püriert, bis ein schaumiger Shake entsteht. Schmecken Sie ihn mit etwas Honig ab.

- Stellen Sie das Getränk mindestens eine halbe Stunde in den Kühlschrank oder zehn Minuten ins Eisfach, damit es richtig lecker schmeckt.

Variante:

Die Kinder können in ihren gekühlten Milchshake eine Kugel Joghurt- oder Vanilleeis geben und alles noch einmal gut durchmixen, bis es schaumig ist.

Tipp:

Lassen Sie die Kinder ihre Getränke mit Früchten dekorieren, indem sie Fruchtstücke oder Beeren auf Schaschlikstäbe spießen. Bunte Streifen aus Glitzerpapier oder kleine Schirmchen können ausgeschnitten und am Spieß angeklebt werden. Auch einfache Motive, z. B. Fußbälle passend zum Sportfest, sehen toll aus.

Thema:
Ernährung

Kompetenzbereiche:
Feinmotorik weiterentwickeln, Früchte kennenlernen

Angrenzender Bildungsbereich:
Forschen und entdecken

Kinder:
4–6

Schwierigkeitsgrad:
★ ★ ☆ ☆ ☆

Vorbereitung:
5 Min. (ohne Einkauf)

Aktivität:
20 Min.

Material:
Mixer oder Pürierstab, hohes Gefäß

Material pro Kind:
Trinkglas, Strohhalm

Körper, Bewegung und Gesundheit

Thema:
Ernährung

Kompetenzbereiche:
Feinmotorik weiterentwickeln,
Maße und Zahlen kennen-
lernen, Früchte kennenlernen

**Angrenzender
Bildungsbereich:**
Forschen und entdecken

Kinder:
3 – 4

Schwierigkeitsgrad:
★ ★ ☆ ☆ ☆

Vorbereitung:
10 Min. (ohne Einkauf)

Aktivität:
30 Min.

Material:
eine große Schüssel, Waage,
Pürierstab oder Mixer, ein
hohes Gefäß, mehrere Kirsch-
entkerner, Schöpfkelle

Material pro Kind:
Schraubglas

Kirschmarmelade

Um möglichst viele Vitamine zu erhalten, stellen die Kinder aus frischen
Kirschen eine kaltgerührte Marmelade her. Diese lässt sich auch als Soße für
Pudding oder Grießbrei verwenden. Beim Herstellen der Marmelade üben
die Kinder den Umgang mit Küchengeräten und können ihr Geschick beim
Entkernen der Kirschen erproben.

Zutaten für ca. 4 kleine Gläser:

500 g Kirschen, 250 g Gelierzucker zum Kaltanrühren

So geht's:

- Waschen Sie alle Schraubgläser vor dem Befüllen
  möglichst heiß in der Spülmaschine.

- Die Kinder waschen die Kirschen gründlich und
  entfernen mit einem Entkerner zunächst alle Kerne.

- Die Kinder schütten die entsteinten Kirschen in eine
  große Schüssel und wiegen sie ab.

- Die Kinder wiegen den Gelierzucker ab und geben
  ihn zu den Kirschen.

- Dann mixen sie alles in einem hohen Gefäß. Nach ca.
  einer Minute sollte aus den Kirschen ein Marmeladen-
  mus geworden sein.

- Jedes Kind füllt nun mit einer Schöpfkelle Marmelade in sein Glas.

- Die gut verschlossenen Gläser müssen ein paar Tage ruhen, bis der Gelierzucker seine volle Wirkung entfaltet und die Marmelade eingedickt ist.

- Die Kirschmarmelade ist gekühlt mehrere Wochen haltbar.

Variante:

Eine kalorienärmere Alternative zum Gelierzucker ist Biobin (Johannisbrotkern-
mehl). Im Gegensatz zum Gelierzucker ist hier keine Zitronensäure enthalten.
Es handelt sich um ein reines Naturprodukt, das im Reformhaus und im gut
sortierten Lebensmittelgeschäft erhältlich ist. Für 500 g Kirschen benötigen
Sie etwa 8 Milliliter und etwa 4 Esslöffel Honig. Die Zutaten werden gut
gemixt und in saubere Gläser gefüllt. So ist die Marmelade etwa eine Woche
gekühlt haltbar.

Tipps:

- Statt Gelierzucker mixen die Kinder etwas Honig in die Kirschen und füllen
  das Mus anschließend in Eiswürfel- oder Stieleisförmchen. Frieren Sie es
  über Nacht ein. Am nächsten Tag gibt es leckeres Fruchteis.

- Sammeln Sie alle Kirschkerne in einer Schüssel, waschen Sie sie gründlich und trocknen Sie sie anschließend in der Sonne. Die getrockneten
  Kerne eignen sich als Inhalt für Rasseln, zum Legen von Mandalas oder
  auch als Füllung für Kirschkernkissen, die wärmen oder kühlen können,
  da die Kerne die jeweilige Temperatur über längere Zeit speichern.

Honigkekse

Honig schmeckt nicht nur auf dem Brot oder im Tee, sondern spielt als natürlicher Süßstoff auch beim Backen eine wichtige Rolle.

Zutaten für 25 Kinder:

150 g Butter, 150 g Honig, 50 g Zucker, 1 Päckchen Vanillezucker, 1 Ei, 2 Esslöffel Orangensaft (am besten frisch gepresst), 400 g Mehl, 3 Teelöffel Backpulver, 1 Prise Zimt, 20 g Kakao

So geht's:

- Besprechen Sie mit den Kindern die Zutaten.
- Die Kinder wiegen alle Zutaten auf der Waage ab, die von Ihnen auf das Gewicht der Rührschüssel eingestellt wurde.
- Dann geben sie Butter, Honig, Zucker, Vanillezucker und das Ei in eine große Schüssel und rühren alles schaumig.
- Die Kinder geben den Orangensaft dazu und rühren noch einmal durch.
- Das Mehl wird mit dem Backpulver, dem Zimt und dem Kakao gemischt und in die Schüssel gegeben.
- Mit einem Knethaken wird alles zu einem glatten Teig verrührt. Ist er zu trocken, kann noch etwas Milch oder Saft dazugeben werden, ist er zu feucht, hilft etwas Mehl.
- Anschließend rollen die Kinder den Teig mit einem Nudelholz aus und stechen mit Förmchen oder Gläsern runde Kekse aus.
- Diese werden vorsichtig auf ein Backblech gelegt und bei 170 °C etwa 15–20 Minuten gebacken.

Tipp:

Dieses Rezept können Sie gut beim Thema Bienen und Honig (siehe S. 78) anschließen. Die Kekse eignen sich aber auch als gesunde Nascherei für das Sportfest (S. 93).

Thema:
Ernährung

Kompetenzbereiche:
Feinmotorik weiterentwickeln, Maße, Gewichte und Zahlen kennenlernen

Angrenzender Bildungsbereich:
Forschen und entdecken

Kinder:
4

Schwierigkeitsgrad:
★ ★ ☆ ☆ ☆

Vorbereitung:
5 Min. (ohne Einkauf)

Aktivität:
30 Min.

Material:
Rührschüssel, Küchenmaschine mit Rühr- und Knethaken, Waage, Esslöffel, Teelöffel, zwei Backbleche, Backpapier, ggf. Milch oder Saft

Miteinander leben

Vorbemerkungen

Emotionale und soziale Kompetenzen entwickeln Kinder nur innerhalb und mithilfe von sozialen Beziehungen. Sich in andere hineinzuversetzen, ihre Bedürfnisse und Gefühle zu erkennen und sie dadurch verstehen und einschätzen zu können – diese Fähigkeiten sind Voraussetzungen dafür, dass sich ein Kind in eine Gemeinschaft integrieren kann. Erwachsene Bezugspersonen spielen bei diesem Entwicklungsprozess eine wichtige Rolle. Ihre emotionale Zuwendung, Verlässlichkeit und Respektierung der kindlichen Autonomie sind wesentlich dafür, dass ein Kind tragfähige Beziehungen entwickeln kann.

Beim Umgang mit den eigenen Gefühlen durchlaufen Kinder wichtige Lernprozesse. Jedes Kind bringt von Geburt an sein Temperament und seine Gefühle mit und muss lernen, diese zu steuern. Gespräche über Gefühle unterstützen es auf diesem Weg. Sie erleichtern es dem Kind, die eigenen Gefühle und die der anderen zu erkennen und zu verstehen.

Der Kontakt zu anderen Menschen, das Bedürfnis, Gefühle miteinander zu teilen, und der Wunsch nach Zugehörigkeit sind menschliche Grundbedürfnisse. Mensch sein bedeutet deshalb auch immer, zu verschiedenen Bezugsgruppen zu gehören, sich als Teil der jeweiligen Gruppe zu erfahren und innerhalb dieser Gruppen bestimmte Rollen und Funktionen einzunehmen.

Für viele Kinder ist der Kindergarten das erste Bezugsfeld außerhalb der Familie. Hier treffen sie auf zunächst fremde Erwachsene und Kinder. Mit der Zeit wachsen sie in den Alltag der Einrichtung hinein und gewinnen mehr und mehr Selbstsicherheit. Ihr geistiges und emotionales Erfahrungsfeld erweitert sich beträchtlich. Sich gegenseitig zu schätzen, einander zu helfen, miteinander zu streiten und miteinander Spaß zu haben, ist nur ein kleiner Ausschnitt an Erfahrungen, die Kinder im Kindergarten sammeln.

Die Sommerzeit bietet beispielsweise die Möglichkeit, Ausflüge ins Freie zu unternehmen und die unmittelbare Umgebung – das Dorf oder den Stadtteil, in dem die Kinder leben – zu erkunden. Solche Erkundungsausflüge geben den Kindern Orientierung und lassen sie spüren, dass sie über die Familie und den Kindergarten hinaus Teil eines sozialen Gefüges sind.

Aktivgeschichte

In der Aktivgeschichte „Der Fund-Hund" spielen Eva, Ole und Lukas auf einem Spielplatz. Ein Sommergewitter zieht auf und die Kinder suchen Schutz in einem kleinen Spielhäuschen. Dort finden sie einen verängstigten Hund, der zittert und jault. Eva, Ole und Lukas beruhigen das Tier.

Da der Hund nach dem Gewitter nicht selbst nach Hause läuft, beschließen die drei Kinder, in der nahegelegenen Siedlung seinen Besitzer zu suchen. Sie klingeln der Reihe nach bei den Leuten und fragen höflich, ob jemand weiß, wem der Hund gehört. Nach drei vergeblichen Versuchen haben sie bei Frau Marcks Glück: Ihr gehört der entlaufene Hund, der Benni heißt. Sie freut sich so sehr, dass sie ihren Hund wiederhat, dass sie die Kinder und deren Eltern für den folgenden Tag zu Saft und Erdbeerkuchen einlädt.

Die Aktivgeschichte zeigt Kinder, deren engagiertes Handeln mit Lob und Dankbarkeit belohnt wird. Die Kinder finden den Hund und überlassen ihn nicht sich selbst, sondern erkennen seine Not und beschließen zu handeln. Die Geschichte thematisiert das Helfen auf eine für Kinder sehr nachvollziehbare Weise. Viele wünschen sich einen Hund oder ein anderes Haustier, um das sie sich kümmern können. Darüber hinaus erfahren die Kinder bei den Leuten, die sie höflich um Hilfe bitten, viel Freundlichkeit und Hilfsbereitschaft.

Praxisseiten

Ein Schwerpunkt der Angebote dieses Kapitels ist das Thema Gefühle. Es ist nicht selbstverständlich, Gefühle zu erkennen oder seine eigenen Gefühle ausdrücken zu können. Mithilfe verschiedener Angebote entwickeln die Kinder ihre Fähigkeit zur Empathie weiter. Aktivitäten wie das Gemeinschaftsbild zum Thema Angst (S. 110), die Gefühlepantomime (S. 111) oder das Gefühlememory (S. 112 – 114) fördern ihre emotionale und soziale Entwicklung.

Die Kinder in der Aktivgeschichte beruhigen den verängstigten Hund. Ausgehend davon erfahren die Kinder, wie wichtig es ist, Ruhephasen zu schaffen und sich selbst eine Auszeit zu gönnen. Hierzu bietet es sich an, einen eigens dafür eingerichteten Wohlfühlraum (S. 115) zu schaffen. Hier können sich die Kinder entspannen und mit Wohlfühlmassagen (S. 116) gegenseitig verwöhnen.

Zum Thema Helfen, einem wichtigen Aspekt der Aktivgeschichte, erhalten Sie auf Seite 117 Gesprächsanregungen, die zu alltäglichen Situationen überleiten, in denen sich die Kinder gegenseitig helfen können. Was wäre passiert, wenn die Kinder dem Hund nicht geholfen oder sie den Besitzer nicht ausfindig gemacht hätten? Anknüpfend an diese Überlegungen bietet es sich an, einen Ausflug ins Tierheim zu unternehmen (S. 118 / 119). Nachdem die Kinder das Tierheim als Anlaufstelle für „heimatlose" Tiere kennengelernt haben, können sie bei einem Besuch im Fundbüro erfahren, was mit verloren gegangenen Dingen geschieht (S. 121).

Um emotionale und soziale Kompetenzen entwickeln zu können, ist es wichtig, sich als Teil eines Ganzen zu erkennen. Ausflüge in die nähere Umgebung unterstützen diesen Prozess. Die Kinder erkunden ihr Dorf oder den Stadtteil, in dem sie leben (S. 122 / 123), um dann die Ergebnisse mithilfe eines Wandbilds (S. 124) festzuhalten. Eine schöne Erfahrung ist es, wenn sich die Kinder gegenseitig besuchen (S. 125). Das selbst gestaltete Schachteldorf (S. 126 – 128) bietet einen gelungenen Abschluss des Projekts.

Lösung

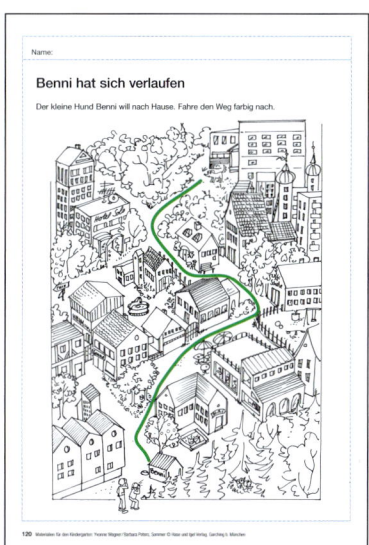

Seite 120

Aktivgeschichte: Der Fund-Hund

Eva, Ole und Lukas sind auf dem Spielplatz. Die Sonne scheint
und es ist sehr warm.
Lukas wischt sich den Schweiß von der Stirn.
„Puh!", stöhnt er. „Mir ist heiß."
„Schaut mal!", ruft Eva plötzlich und zeigt auf die dunklen Wolken,
die am Himmel aufziehen.
„Das gibt sicher ein Gewitter", sagt Ole.
„Ein echtes Sommergewitter."

Und tatsächlich: In der Ferne blitzt es schon.
Wenig später grummelt der Donner.
Die schwarzen Wolken kommen rasch näher.
Schon klatschen erste, dicke Regentropfen auf die Erde.
Zum Nachhauselaufen ist keine Zeit mehr.
„Wir müssen uns unterstellen!", ruft Lukas
und rennt zu dem roten Spielhäuschen.
Gerade rechtzeitig erreichen Eva und Ole den Unterschlupf.

Über den Himmel zuckt ein greller Blitz. Der Donner ist unheimlich
und sehr laut. Und dann kommt der Regen.
Es prasselt und platscht, es tropft und spritzt,

jaulen es klatscht und **jault**.

Es jault?
Das Sommergewitter jault? Das gibt es doch nicht!
Die Kinder schauen sich an.

jaulen Was **jault** hier?
„Ein Hund!", ruft Eva plötzlich.

In der hintersten Ecke des Häuschens sitzt	
ein kleines, schwarzes Hündchen.	
Es schaut die Kinder **zitternd** an	*zittern*
und **jault** bei jedem Donnerschlag.	*jaulen*
„Der Arme!", ruft Ole und nimmt den Hund auf den Arm. „Er hat	
Angst vor dem Gewitter."	
Die Kinder streicheln das Hündchen, damit es sich nicht vor dem	
Donner fürchtet.	
Das Streicheln hilft.	
Jetzt **jault** der kleine Hund nur noch ganz **leise**.	*leise jaulen*
Nach kurzer Zeit ist das Gewitter vorbei. Der Regen lässt nach,	
die Sonne scheint wieder und die Erde dampft.	
Die Kinder krabbeln mit dem kleinen Hund aus dem Spielhäuschen.	
Ole setzt das Hündchen auf den Boden	
und Eva gibt ihm einen Klaps.	
„Lauf schnell nach Hause", sagt sie.	
Der Hund schaut sie an und **wedelt mit dem Schwanz**.	*mit dem Po wackeln*
Er läuft nirgendwo hin. Er bleibt einfach stehen.	
„Vielleicht weiß er nicht, wo er wohnt", überlegt Lukas. „Vielleicht	
hat er sich verlaufen."	
„Wir nehmen ihn mit", schlägt Ole vor. „Wir gehen in die Siedlung	
und suchen sein Zuhause."	
Das ist eine gute Idee. Gemeinsam werden sie herausfinden,	
wohin der kleine Hund gehört.	
Ole, Eva und Lukas laufen zur Siedlung. Das Hündchen folgt ihnen.	
Auf dem Weg **springen** die Kinder in jede Pfütze.	*auf der Stelle hüpfen*
Das spritzt so schön und macht viel Spaß.	
Vor dem ersten Gartentor bleibt Eva stehen.	
Hier wohnt der alte Herr Busche.	
Lukas **öffnet** die Gartenpforte.	*ein imaginäres Tor öffnen*
Sie **quietscht** ein bisschen.	*quietschen*
Die Kinder und der Hund **laufen** zur Haustür.	*auf der Stelle laufen*
Ole **klingelt**.	*„Dingdong!" rufen*
Nach wenigen Minuten öffnet Herr Busche die Haustür.	
In der Hand hält er mehrere knackige Möhren, die er gerade	
schälen wollte.	
„Hallo ihr drei!", sagt er freundlich. **„Kann ich euch helfen?"**	*mitsprechen*
Eva erzählt: **„Wir haben einen Hund gefunden."**	*mitsprechen, auf imaginären Hund am Boden zeigen*

Miteinander leben

mitsprechen, mit den Schultern zucken	Lukas fragt: **„Wissen Sie, wem er gehört?"**
mitsprechen und mit der rechten Hand nach links zeigen	„Mir gehört das Hündchen nicht", sagt Herr Busche. **„Aber fragt doch einmal nebenan.**
mitsprechen	Da wohnt Frau Ritter. Sie kocht gerade Himbeermarmelade. Sie hat einen Hund. Das weiß ich genau." Lukas ruft: **„Auf Wiedersehen und vielen Dank!"** Die Kinder rennen mit dem Hund zurück auf den Fußweg.
auf der Stelle hüpfen	Dort **springen** sie erst einmal in eine große Pfütze. Das macht so viel Spaß!
ein imaginäres Tor öffnen	Dann **öffnet** Eva das nächste Gartentor.
quietschen	Es **quietscht** genauso wie das von Herrn Busche.
auf der Stelle laufen	Sie **laufen** mit dem Hündchen zur Haustür.
„Dingdong!" rufen	Diesmal **klingelt** Lukas.
	Frau Ritter öffnet die Tür. Sie hält einen Kochlöffel in der Hand und auf ihrer Schürze sind viele rote Marmeladenflecke. Im Haus duftet es nach Himbeeren.
mitsprechen	**„Hallo ihr drei!"**, sagt Frau Ritter. **„Kann ich euch helfen?"**
mitsprechen, auf imaginären Hund am Boden zeigen	Ole erklärt: **„Wir haben einen Hund gefunden."**
mitsprechen, mit den Schultern zucken	Eva fragt: **„Wissen Sie, wem er gehört?"**
	Frau Ritter schüttelt den Kopf. „Mein Hund ist es nicht. Der schläft in seinem Körbchen", sagt sie.
mitsprechen und mit der rechten Hand nach links zeigen	**„Aber fragt doch einmal nebenan.**
mitsprechen	Vielleicht kann euch Herr Schmidt helfen." Ole ruft: **„Auf Wiedersehen und vielen Dank!"**
	Vor Herrn Schmidts Grundstück ist eine riesige Pfütze.
auf der Stelle hüpfen	Eva nimmt Anlauf und **springt** hinein. Das spritzt fast bis zur anderen Straßenseite. Klasse!
ein imaginäres Tor öffnen	Diesmal **öffnet** Ole das Gartentor.
leise quietschen	Es **quietscht** nur ganz **leise**.
auf der Stelle laufen	Die Kinder und der kleine Hund **laufen** zur Haustür.
„Dingdong!" rufen	Eva **klingelt**.
	Ein junger Mann in roter Badehose öffnet. Das ist Herr Schmidt. Er ist klitschnass. Er hat nämlich gerade eine erfrischende Sommerregendusche in seinem Garten genommen.
mitsprechen	**„Hallo ihr drei!"**, sagt Herr Schmidt. **„Kann ich euch helfen?"**
mitsprechen, auf imaginären Hund am Boden zeigen	Lukas sagt: **„Wir haben einen Hund gefunden."**

Ole fragt: **„Wissen Sie, wem er gehört?"**

mitsprechen, mit den Schultern zucken

Herr Schmidt denkt einen Augenblick nach.
Dann sagt er: „Hat Frau Marcks nicht einen kleinen, schwarzen Hund?" Er schaut das Hündchen an.
„Genau so einen wie diesen, glaube ich.
Fragt doch einmal nebenan."

mitsprechen und mit der rechten Hand nach links zeigen
mitsprechen

Eva ruft: **„Auf Wiedersehen und vielen Dank!"**

In Windeseile rennen Lukas, Ole und Eva mit dem Hündchen zum nächsten Haus.
Sie **öffnen** noch eine **quietschende** Gartenpforte

ein imaginäres Tor öffnen, quietschen

und **laufen** zur Haustür.

auf der Stelle laufen

Ole **klingelt**.
Die Kinder und der kleine Hund warten.
Niemand öffnet.
Nach einer Weile **klingelt** Lukas.
Im Haus ist alles still.
Schließlich **klingelt** Eva Sturm.

„Dingdong!" rufen

„Dingdong!" rufen

„Dingdong! Dingdong! Dingdong!" rufen

Nichts rührt sich.
„Niemand da", sagt Ole. „Und nun?"

In diesem Moment rast der Hund **bellend** auf eine Frau zu,
die durch das Gartentor kommt.
„Benni! Wo bist du gewesen? Ich habe dich überall gesucht",
ruft sie und stellt einen großen Korb voller Erdbeeren ab,
um den aufgeregten Hund zu begrüßen.

bellen

Lukas, Ole und Eva erzählen Frau Marcks von dem Gewitter
und davon, wie sie Benni auf dem Spielplatz gefunden haben.
Frau Marcks ist froh, dass Benni wieder da ist.

„Mögt ihr Erdbeeren?", fragt sie.
Lukas, Ole und Eva nicken begeistert.
„Dann besucht uns doch morgen Nachmittag mit euren Eltern.
Ich lade euch alle zu Saft und Erdbeerkuchen ein.
Zum Dank dafür, dass ihr mir Benni zurückgebracht habt!",
sagt Frau Marcks lächelnd.
Benni **wedelt mit dem Schwanz**
und **bellt** fröhlich.

mit dem Po wackeln
bellen

Miteinander leben

Thema:
Gefühle

Kompetenzbereiche:
Gefühle benennen, Fähigkeit zur Empathie und Rücksichtnahme weiterentwickeln

Angrenzende Bildungsbereiche:
Sprache und Literacy, Kreativität und Musik

Kinder:
4–6

Schwierigkeitsgrad:
★★★☆☆☆

Vorbereitung:
5 Min.

Aktivität:
30 Min.

Material:
großes Plakat, Klebeband, Zeitungen oder Abdeckfolien, Farben und Pinsel

Gemeinschaftsbild „Angst"

Die Furcht des kleinen Hundes in der Aktivgeschichte bietet die Gelegenheit, das Gefühl Angst mit den Kindern zu thematisieren. Kinder fürchten sich häufig bei Gewitter, bei Lärm oder wenn sie ein Geschehen um sie herum nicht verstehen. Ihre Gefühle künstlerisch auszudrücken, gibt Kindern die Möglichkeit, sich mit ihren Ängsten auseinanderzusetzen.

So geht's:

* Die Kinder wiederholen den Beginn der Aktivgeschichte und beschreiben die Gefühle des Hundes.

* Thematisieren Sie davon ausgehend das Gefühl Angst und regen Sie die Kinder an, darüber zu sprechen:

  – In welcher Situation haben die Kinder schon einmal Angst gehabt?

  – Wie fühlt man sich, wenn man Angst hat?

  – Warum haben Menschen und Tiere Angst?

  – Was kann man gegen Angst unternehmen?

* Besprechen Sie auch, wie man sich gegenseitig helfen kann, wenn man merkt, dass jemand Angst hat.

* Bieten Sie den Kindern an, ein Gemeinschaftsbild zum Thema Angst zu malen. Kleben Sie dafür ein großes Plakat an eine freie Wand.

* Die Kinder stellen sich nun vor, sie hätten Angst. Sie können ihnen helfen, indem Sie die Passage zu Beginn der Aktivgeschichte vorlesen, wo der kleine Hund zittert und jault. Fordern Sie die Kinder auf, sich vorzustellen, dass sie bei Gewitter allein draußen sind. Beobachten Sie dabei genau, wie die Kinder mit der Situation umgehen.

* Nun suchen sich die Kinder Farben aus, die zu ihrer Angst passen, und malen frei auf das Plakat.

* Nach einiger Zeit lesen Sie die Passage am Ende der Aktivgeschichte vor, in der der Hund zu seiner Besitzerin zurückkommt und fröhlich bellt.

* Jetzt wählen die Kinder Farben, die zur fröhlichen, glücklichen Stimmung ohne Angst passen, und malen wieder frei auf das bereits begonnene Bild.

* Sprechen Sie zum Schluss mit den Kindern über das Bild. Lassen Sie sie erzählen, wie sie sich beim Malen gefühlt haben und was sie auf dem Bild zum Ausdruck bringen wollten.

Tipps:

* Die beiden Malphasen können Sie ggf. mit entsprechender klassischer Musik unterstützen (z.B. „Bilder einer Ausstellung" von Modest Mussorgsky, „Die vier Jahreszeiten" von Antonio Vivaldi).

* Reflektieren Sie das Bild ein paar Tage nach der Gestaltung noch einmal, indem Sie es mit den Kindern wieder ansehen und über die Gefühle beim Malen sprechen.

Gefühlepantomime

Die Kinder in der Aktivgeschichte erkennen, dass der kleine Hund Angst hat. Es ist nicht selbstverständlich, dass Kinder die Gefühle von Tieren und anderen Menschen wahrnehmen. Sie müssen erst lernen, Gefühle einzuordnen und Worte dafür zu finden. Zusätzlich zum alltäglichen offenen und respektvollen Umgang mit Gefühlen kann das mithilfe einfacher Spiele unterstützt werden.

So geht's:

- Erinnern Sie die Kinder an die Aktivgeschichte und fragen Sie sie nach den Gefühlen des Hundes und der Hauptpersonen:

  – Wie fühlen sich der Hund, die Kinder und die Besitzerin des Hundes zu Beginn der Geschichte?

  – Wie fühlen sich der Hund, die Kinder und die Besitzerin, als der Hund wieder zu Hause ist?

  – Wie fühlen sich „schöne Gefühle" an?

  – Was sind „gute" und „schlechte" Gefühle?

- Bieten Sie nun ein kleines Spiel an, bei dem die Kinder Sie ganz genau beobachten sollen.

- Stellen Sie mit übertriebener Mimik und Gestik ein Gefühl dar, z. B. Traurigkeit, das die Kinder erraten sollen.

- Sprechen Sie darüber, woran die Kinder das Gefühl erkannt haben, und auch, warum man bei diesem Gefühl gerade die gezeigte Mimik und Gestik macht.

- Flüstern Sie nun einem Kind ein Gefühl ins Ohr, das es nur mit seinem Gesicht und seinem Körper darstellen soll.

- Die anderen Kinder erraten wieder, welches Gefühl gemeint ist.

- Wer das dargestellte Gefühl richtig errät, ist als Nächstes an der Reihe.

Tipps:

- Statt den Kindern verschiedene Gefühle zu nennen, können Sie ihnen die Gefühlskarten der Gestaltungsvorlagen (S. 113 / 114) zeigen.

- Fotografieren Sie die Kinder während des Spiels, drucken Sie die Bilder doppelt am Computer aus und stellen Sie daraus ein Memoryspiel (siehe S. 112) her.

Variante:

Ein Kind stellt pantomimisch ein Gefühl dar und ein zweites Kind versucht, darauf passend zu reagieren. Bei „Freude" lacht es z. B. oder hüpft vor Freude herum, bei „Wut" schreckt es ängstlich zurück, wird selbst wütend oder fragt „Warum bist du so wütend?".

Thema:
Emotionen äußern

Kompetenzbereiche:
Gefühle in ihrem körperlichen Ausdruck erkennen und benennen

Angrenzender Bildungsbereich:
Sprache und Literacy

Kinder:
8–10

Schwierigkeitsgrad:
★ ★ ★ ☆ ☆

Vorbereitung:
–

Aktivität:
20 Min.

Material:
–

Thema:
Emotionen äußern

Kompetenzbereiche:
Gefühle erkennen und
benennen

**Angrenzender
Bildungsbereich:**
Sprache und Literacy

Kinder:
2–3

Schwierigkeitsgrad:
★ ★ ★ ☆ ☆ ☆

Vorbereitung:
10 Min.

Aktivität:
20 Min.

Material:
Karten der Gestaltungs-
vorlagen (S. 113 / 114) je
zweimal

Gefühlememory

Im Anschluss an die Gefühlepantomime (S. 111), bei der sich die Kinder mit der Mimik und Gestik verschiedener Gefühle auseinandergesetzt haben, können sie ihre Erfahrungen mit diesem Memoryspiel vertiefen.

So geht's:

- Die Kinder sitzen im Kreis auf dem Boden oder an einem Tisch.

- Zeigen Sie den Kindern die Karten und thematisieren Sie noch einmal verschiedene Gefühle. Besprechen Sie mit den Kindern die abgebildeten Gefühlslagen, wobei sie besonders die Augen, die Augenbrauen und den Mund betrachten.

- Vielleicht können die Kinder Situationen nennen, zu denen die abgebildeten Gefühle passen. Dann versuchen sie, die jeweiligen Gefühle nachzuahmen.

- Im Anschluss daran legen die Kinder die Karten verdeckt aus und spielen Memory: Ein Kind deckt zwei Karten auf. Sind die beiden Bilder identisch, darf es die Karten an sich nehmen und nochmals zwei Karten umdrehen. Sind die Bilder nicht gleich, so werden beide Karten wieder verdeckt.

- Nach jedem Aufdecken einer Karte benennen oder imitieren die Kinder das abgebildete Gefühl.

Tipp:

Anstatt die Karten der Gestaltungsvorlagen (S. 113 / 114) zu verwenden, können Sie auch Kinderfotos vom Spiel Gefühlepantomime (S. 111) am Computer doppelt ausdrucken und daraus ein Memoryspiel herstellen.

Gestaltungsvorlage: Gefühlskarten (1)

Gestaltungsvorlage: Gefühlskarten (2)

Gestaltungsvorlage: Gefühlskarten (2)

Wohlfühlraum

In der Aktivgeschichte kümmern sich die Kinder um den verängstigten Hund, indem sie ihn auf den Arm nehmen, beruhigen und streicheln. Sie geben ihm Zuwendung und Zärtlichkeit, wie sie sie selbst in Situationen erfahren haben, in denen sie sich nicht wohlgefühlt haben. Bei der Gestaltung und Nutzung eines Wohlfühlraums lernen die Kinder, dass sie auch selbst etwas für ihr Wohlbefinden tun können, wenn sie aufgeregt oder besorgt sind. Idealerweise handelt es sich dabei um einen Raum, der regelmäßig für Entspannungsübungen genutzt werden kann. So können die Kinder erleben, wie wohltuend Ruhephasen auch im alltäglichen Leben sind.

So geht's:

- Sprechen Sie noch einmal die Aktivgeschichte an und lenken Sie die Aufmerksamkeit der Kinder auf die Szene, in der sich die Kinder so liebevoll um den verängstigten Hund kümmern.

- Unterhalten Sie sich mit den Kindern darüber, wie es ist, gestreichelt und in den Arm genommen zu werden. Vielleicht erzählen die Kinder von Situationen, in denen sie das mögen oder auch nicht mögen.

- Schlagen Sie vor, gemeinsam einen „Wohlfühlraum" vorzubereiten, in dem sich die Kinder entspannen können.

- Planen Sie gemeinsam mit den Kindern, was für einen Wohlfühlraum wichtig ist. Vielleicht haben die Kinder bereits Erfahrungen mit Entspannungsübungen gemacht und nennen Vorschläge für entsprechende äußere Bedingungen: z.B. den Raum abdunkeln (Vorhänge/Jalousien), Matten oder Matratzen und Decken auf den Boden legen, für ausreichend Wärme sorgen, evtl. passende Musik auswählen und vorbereiten.

- Besorgen Sie die nötigen Dinge und bereiten Sie den Raum gemeinsam entsprechend vor.

- Nun legen sich die Kinder auf die Matten oder Matratzen und können eine erste Entspannungsphase mit Musik von etwa fünf bis acht Minuten genießen.

Tipps:

- Das Angebot des Wohlfühlraums kann durch eine kindgerechte Massage (S. 116) oder durch Fantasiereisen erweitert werden.

- Im Gruppenraum sollte eine „gemütliche Ecke" vorhanden sein, in die sich die Kinder zurückziehen und kuscheln können, wenn sie eine Ruhephase benötigen. So können sie sich auch im Kindergartenalltag entspannen.

Thema:
Wohlfühlen

Kompetenzbereiche:
Körperwahrnehmung schulen, Entspannung erfahren

Angrenzender Bildungsbereich:
Körper, Bewegung und Gesundheit

Kinder:
8–10

Schwierigkeitsgrad:
★ ☆ ☆ ☆ ☆

Vorbereitung:
5 Min.

Aktivität:
10 Min. (Vorbereitung),
5–8 Min. (Entspannung)

Material:
Matten oder Matratzen, Decken, CD mit Entspannungsmusik

Thema:
Wohlfühlen

Kompetenzbereiche:
Körperwahrnehmung
schulen, Feinmotorik
weiterentwickeln

**Angrenzender
Bildungsbereich:**
Körper, Bewegung und
Gesundheit

Kinder:
8 – 10

Schwierigkeitsgrad:
★ ☆ ☆ ☆ ☆

Vorbereitung:
10 Min.

Aktivität:
10 Min. (Vorbereitung),
10 Min. (Massage)

Material:
vorbereiteter Raum (siehe
S. 115), CD mit Entspannungsmusik, Igelbälle, Stoffbeutel

Wohlfühlmassage

Nachdem die Kinder bereits Erfahrungen mit Ruhephasen im Wohlfühlraum
(S. 115) gemacht haben, können sie sich mit einer kindgerechten Massage
zusätzlich gegenseitig etwas Gutes tun.

So geht's:

- Die Gruppe trifft sich im Wohlfühlraum.
- Die Kinder greifen nacheinander in den Stoffbeutel mit den Igelbällen und
  beschreiben ihre Empfindungen.
- Nun nimmt sich jedes Kind einen Igelball und probiert die Handhabung
  aus, indem es sich an Armen und Beinen mit kreisenden Bewegungen
  kurz selbst massiert.
- Dann bilden die Kinder Paare und erhalten jeweils einen Igelball: Ein Kind
  legt sich auf den Bauch auf die Matte oder Matratze, das andere Kind
  verwöhnt es mit einer Massage.
- Erinnern Sie die Kinder daran, leise zu sein. Das Kind, das gerade massiert, ist behutsam und lässt sich Zeit. Außerdem beobachtet es seinen
  Partner/seine Partnerin aufmerksam, ob er/sie sich auch wohlfühlt.
- Schalten Sie die Entspannungsmusik ein und sprechen Sie mit gleich-
  mäßiger und ruhiger Stimme vor, was die massierenden Kinder tun sollen:
  - Erwärmt zunächst eure Finger, indem ihr beide Hände ein paarmal
    aneinanderreibt.
  - Legt nun eure Hände auf die Schultern eures Partners und streicht den
    Rücken einmal von oben nach unten behutsam ab.
  - Streicht jetzt mit den Fingerspitzen wie ein leiser Wind über den Rücken
    eures Partners.
  - Lasst nun eure Fingerspitzen wie einen Sommerregen leicht auf den
    Rücken prasseln.
  - Nehmt den Igelball zur Hand und massiert damit den Rücken eures
    Partners mit langsamen, kreisenden Bewegungen.
- Greifen Sie ein, wenn einzelne Kinder herumtoben oder zu fest auf den
  Rücken ihres Partners drücken.
- Nach etwa drei bis fünf Minuten werden die Rollen getauscht.
- Im Anschluss an die Massage berichten die Kinder von ihren Erfahrungen
  und Empfindungen. Haben sie sich bei der Massage wohlgefühlt oder war
  es unangenehm? Konnten sie sich entspannen?

Tipps:

- In der „gemütlichen Ecke" des Gruppenraums steht ein Korb mit verschiedenen Materialien, die sich zum Massieren eignen. So können sich
  die Kinder im Alltag immer wieder einmal gegenseitig verwöhnen.
- Eine lustige Idee ist ein „Wellnesstag" für die Eltern, an dem jedes Kind
  seine Eltern an verschiedenen Stationen verwöhnt: mit einer Wohlfühl-
  massage oder einem Fußbad, mit einer schicken Frisur oder mit gesunder
  Kräuterlimonade (S. 98) und Fruchtshakes (S. 101).

Wir helfen einander

In der Aktivgeschichte wird das Helfen auf eine für Kinder gut nachvollziehbare Weise angesprochen. Mit einem Gespräch können Sie das Thema auf den Alltag der Kinder erweitern und sie für diesen Aspekt des sozialen Miteinanders sensibilisieren. Ab einem Alter von etwa drei Jahren kommt es häufig vor, dass Kinder anderen helfen, vor allem dann, wenn jüngere Kinder Hilfe benötigen.

So geht's:

- Erinnern Sie die Kinder an die Aktivgeschichte und lassen Sie sie erzählen, wie Eva, Ole und Lukas dem kleinen Hund geholfen haben. Was wäre mit dem Hund vielleicht geschehen, wenn sie ihm nicht geholfen hätten?

- Die Kinder berichten von Situationen, in denen sie schon einmal jemandem geholfen haben.

- Überlegen Sie gemeinsam mit den Kindern, wer im Alltag Hilfe brauchen könnte – besonders hier in der Gruppe oder zu Hause (Eltern, Großeltern, Geschwister).

- Die Kinder stellen dabei fest, dass sie bei alltäglichen Tätigkeiten helfen können und es sich nicht immer gleich um eine große Aktivität handeln muss.

- Finden Sie gemeinsam mit den Kindern konkrete Hilfsmöglichkeiten für den Kindergartenalltag (z. B. anderen beim Anziehen helfen, die Tür aufhalten, jemandem etwas aufheben) und für den Alltag zu Hause (z. B. Tisch decken, Geschirr abräumen, Müll raustragen).

- Thematisieren Sie auch, wie es sich anfühlt, wenn man jemandem hilft und wenn einem geholfen wird.

Tipp:

Die Kinder können im Anschluss an das Gespräch gemeinsam ein Plakat gestalten, das Tätigkeiten zeigt, wie die Kinder in dieser Gruppe einander helfen.

Thema:
Hilfsbereitschaft

Kompetenzbereiche:
Empathie weiterentwickeln, Hilfsbereitschaft erleben

Angrenzender Bildungsbereich:
Sprache und Literacy

Kinder:
10 – 12

Schwierigkeitsgrad:
★★☆☆☆

Vorbereitung:
–

Aktivität:
10 Min.

Material:
–

Miteinander leben

Thema:
Helfen

Kompetenzbereiche:
einen neuen Lebensbereich
kennenlernen, Sachwissen
erweitern, Empathie entwickeln

**Angrenzender
Bildungsbereich:**
Forschen und entdecken

Kinder:
10–12

Schwierigkeitsgrad:
★ ★ ★ ☆ ☆

Vorbereitung:
10 Min.

Aktivität:
15 Min., 2 Std.

Material:
Papier, Bleistift

Besuch im Tierheim (1)

Die Frage, was passiert wäre, wenn die Kinder in der Aktivgeschichte das Zuhause des Hundes nicht gefunden hätten, ist Anlass für ein weiteres Gespräch. In diesem Zusammenhang unternehmen die Kinder einen Ausflug in ein Tierheim.

Nehmen Sie Kontakt zu einem Tierheim in der Nähe auf. Klären Sie vorab, unter welchen Bedingungen Sie mit einer größeren Kindergruppe kommen dürfen, und fragen Sie nach Kooperations- und Unterstützungsmöglichkeiten. Vereinbaren Sie einen Termin für den Besuch und teilen Sie diesen frühzeitig den Eltern mit, wobei Sie gleichzeitig um Informationen über eventuelle Tierallergien der Kinder bitten. Sprechen Sie ab, wer als Begleitperson mitgeht und wer die zurückbleibenden Kinder in der Einrichtung betreut.

So geht's:

- Erinnern Sie die Kinder an die Aktivgeschichte und besprechen Sie, was mit dem kleinen Hund passiert wäre, wenn die Kinder ihn entweder nicht auf dem Spielplatz gefunden hätten oder wenn sie sein Zuhause nicht gefunden hätten: Er wäre vermutlich in ein Tierheim gekommen.

- Informieren Sie die Kinder über den geplanten Ausflug in ein Tierheim.

- Die Kinder berichten nun von bereits vorhandenem Wissen über Tierheime. Folgende Inhalte können angesprochen werden:

  – Was ist ein Tierheim?

  – Warum und wie kommen Tiere in ein Tierheim?

  – Welche Tiere leben dort? Wie lange leben sie dort?

  – Wer bezahlt die Unterkunft, das Futter und den Tierarzt?

  – Was kann man / können die Kinder tun, damit nicht so viele Tiere dort leben müssen?

- Notieren Sie Fragen der Kinder, die im Gespräch nicht oder nicht ausreichend beantwortet werden können. Diese Fragen können beim Tierheimbesuch gestellt werden.

- Erarbeiten Sie mit den Kindern Verhaltensregeln für den Ausflug. Der Besuch im Tierheim erfordert wegen der Tiere eine besondere Disziplin!

- Nehmen Sie sich ausreichend Zeit für den Tierheimbesuch, damit die Kinder sich ganz auf die Situation einlassen können.

- Beobachten Sie die Kinder während des Besuchs und achten Sie auf eventuelle Reaktionen. Diese können Sie bei der Nachbereitung thematisieren.

- Die Kinder stellen ihre Fragen (evtl. mithilfe Ihrer Liste), die von einem Mitarbeiter des Tierheims beantwortet werden.

- Da viele Kinder sich ein Haustier wünschen, fällt es ihnen sicher schwer, die Tiere zurücklassen zu müssen. Zeigen Sie dafür Verständnis und verweisen Sie evtl. auf weitere Aktivitäten zum Thema Tierheim.

Tipp:

Jedes Kind wählt sich im Tierheim ein „Lieblingstier" aus, zu dem es möglichst viele Informationen sammelt.

Besuch im Tierheim (2)

Im Anschluss an den Besuch im Tierheim findet spätestens am folgenden Tag in der Einrichtung ein Gespräch statt, in dem die Kinder ihre Erlebnisse, Beobachtungen und Eindrücke zum Ausdruck bringen und verarbeiten können.

So geht's:

- Rufen Sie den Kindern den Besuch im Tierheim in Erinnerung und lassen Sie sie zunächst der Reihe nach ihre wichtigsten Erlebnisse berichten.

- Sammeln Sie anschließend die Informationen, die die Kinder während des Besuchs erhalten haben. Das können beispielsweise Antworten auf folgende Fragen sein:

  - Welche Tiere konnten die Kinder im Tierheim sehen?

  - Aus welchen Gründen sind die Tiere ins Heim gekommen?

  - Hatten die Kinder sich ein Tierheim so vorgestellt? Warum oder warum nicht?

  - Was hat die Kinder besonders überrascht, erstaunt oder vielleicht sogar erschreckt?

- Sprechen Sie in diesem Zusammenhang auch den Wunsch vieler Kinder nach einem eigenen Haustier an. Eine wichtige Voraussetzung für die Anschaffung ist die Bereitschaft, es regelmäßig zu versorgen. Wenn sich niemand mehr um das Tier kümmern will, wird es meist in einem Tierheim abgegeben.

- Im Anschluss an das Gespräch können die Kinder zu ihren Erlebnissen und Eindrücken ein Bild malen. Alternativ können sie sich auch eine kleine Szene überlegen, die sie mit Stofftieren nachspielen.

Tipps:

- Wenn einzelne Kinder während des Besuchs Informationen zu einem „Lieblingstier" gesammelt haben, können sie nun zu diesem Tier ein Bild gestalten. Anschließend schreiben Sie dazu den Namen, Eigenschaften und Einzelheiten zur Lebensweise (z. B. Nahrung) der Beschreibung des Kindes entsprechend auf. Diese Seite wird im Portfolio des jeweiligen Kindes abgeheftet.

- Um die Eindrücke des Tierheimbesuchs zu verarbeiten und das Thema offen zu halten, darf in den folgenden Tagen jedes Kind sein Lieblings-kuscheltier in die Einrichtung mitbringen.

Thema:
Helfen

Kompetenzbereiche:
Eindrücke verarbeiten,
Empathie entwickeln

Angrenzender Bildungsbereich:
Forschen und entdecken

Kinder:
10 – 12

Schwierigkeitsgrad:
★ ★ ★ ☆ ☆

Vorbereitung:
–

Aktivität:
15 Min.

Material:
Papier, Stofftiere

Material pro Kind:
Buntstifte

Name:

Benni hat sich verlaufen

Der kleine Hund Benni will nach Hause. Fahre den Weg farbig nach.

Wenn man etwas verloren hat

Ausgehend von der Aktivgeschichte haben die Kinder erfahren, dass man ein Tier, dessen Zuhause man nicht kennt, in ein Tierheim bringen kann. Doch was macht man, wenn man einen Gegenstand findet, von dem man nicht weiß, wem er gehört? Oder wenn man selbst etwas verliert, das man gerne wiederhaben möchte? Als Anlaufstelle für solche Fälle lernen die Kinder das Fundbüro kennen, das sie gemeinsam besuchen können.

So geht's:

- Erinnern Sie die Kinder an die Aktivgeschichte: Eva, Ole und Lukas haben einen Hund gefunden, der ihnen nicht gehört. – Frau Marcks' Hund Benni ist verschwunden. – Was hätten die Kinder und Frau Marcks tun können?

- Leiten Sie das Gespräch zum Verlieren bzw. Finden eines wichtigen Gegenstands, z. B. eines Geldbeutels oder eines Schlüsselbunds, über. Die folgenden Fragen können dabei als Impulse dienen:

  – Was mache ich mit einem fremden Gegenstand, den ich gefunden habe?

  – Was mache ich, wenn ich etwas Wichtiges verloren habe?

  – Wo gibt es ein Fundbüro? (z. B. in jeder Gemeinde / Stadt, bei der Bahn)

  – In welchem Fundbüro gebe ich den Gegenstand ab bzw. frage ich nach meinem Gegenstand?

  – Wann gehört etwas, das ich finde, mir?

- Da Sie sicherlich nicht alle Fragen klären können, gehen Sie mit den Kindern zum nächst gelegenen Fundbüro, z. B. in der örtlichen Gemeinde- / Stadtbehörde.

- Lassen Sie sich die momentan vorhandenen Fundgegenstände zeigen. Die Kinder stellen Fragen, wie z. B.:

  – Wann darf man etwas, das man gefunden hat, behalten?

  – Wie ist der Ablauf, wenn man etwas gefunden / verloren hat?

  – Was geschieht mit gefundenen Dingen, die von ihrem Eigentümer nicht abgeholt werden?

- Besprechen Sie im Anschluss an den Besuch die Eindrücke der Kinder.

- Falls die Frage aufkommt, was geschieht, wenn ein Mensch / ein Kind „verloren geht", gehen Sie unbedingt behutsam darauf ein und finden Sie für unterschiedliche Situationen (z. B. Einkaufscenter, Menschengewühl in der Fußgängerzone) mit den Kindern gemeinsam konkrete Lösungsmöglichkeiten.

Tipp:

Auch wenn es bereits eine Kiste gibt, in der Fundsachen abgelegt werden, ist es sinnvoll, gemeinsam mit den Kindern ein „Fundbüro" im Kindergarten einzurichten. Diese offizielle Bezeichnung und einige freiwillige Kinder, die sich regelmäßig verantwortlich darum kümmern, sorgen wie von selbst dafür, dass die gefundenen Gegenstände an ihre Eigentümer zurückkommen.

Thema:
Wertschätzung von Eigentum

Kompetenzbereiche:
einen neuen Lebensbereich kennenlernen, Sachwissen erweitern, Empathie entwickeln

Angrenzender Bildungsbereich:
Sprache und Literacy

Kinder:
8 – 10

Schwierigkeitsgrad:
★ ★ ☆ ☆ ☆

Vorbereitung:
5 Min.

Aktivität:
60 Min.

Material:
–

Miteinander leben

Thema:
Wo leben wir?

Kompetenzbereiche:
sich im näheren Umfeld
orientieren, sich als Teil eines
Ganzen wahrnehmen

**Angrenzende
Bildungsbereiche:**
Sprache und Literacy,
Forschen und entdecken

Kinder:
15

Schwierigkeitsgrad:
★ ★ ★ ☆ ☆

Vorbereitung:
–

Aktivität:
10 Min. (Gespräch),
60 Min. (Erkundung)

Material:
Fotoapparat, Fotopapier,
Drucker

Wir erkunden unsere Umgebung

Die Kinder in der Aktivgeschichte kennen sich gut aus in ihrem Viertel. Doch solche Eigenständigkeit ist heute vielen Kindern nicht mehr möglich. Sie werden zu vielen Stationen ihres Alltags mit dem Auto gebracht und haben kaum Gelegenheit, ihr Umfeld oder auch den Weg zum Kindergarten zu Fuß zu erkunden. Bieten Sie den Kindern in Ihrer Einrichtung deshalb Erkundungsgänge in die nähere Umgebung an. Sie können dabei erleben, was es alles Spannendes zu sehen gibt, und lernen, sich zu orientieren und den Weg zum Kindergarten zu finden.

So geht's:

- Regen Sie eine Unterhaltung über die nähere Umgebung der Einrichtung an. Mögliche Themen können sein:

  – Was gibt es in der Nähe der Einrichtung zu sehen?

  – Welche öffentliche Gebäude, Geschäfte gibt es?

  – Wo kann man in der Nähe Natur finden oder Tieren begegnen?

  – Gibt es irgendwelche Besonderheiten, wie z. B. ein auffälliges Haus?

- Thematisieren Sie die Schwierigkeit, sich zurechtzufinden, wenn man noch nicht lesen kann: Woran erkennt man die richtige Straße? Wie findet man nach Hause? Wie kann man jemand anderem sagen, wo man wohnt?

- Schlagen Sie nun vor, gemeinsam mit den Kindern die Umgebung der Einrichtung zu erkunden.

- Erarbeiten Sie mit den Kindern klare Verhaltensregeln, wie z. B. zusammenbleiben, auf dem Gehweg gehen.

- Überlegen Sie im Vorfeld gemeinsam, auf welche Dinge die Kinder während des Spaziergangs achten können, z. B. besondere Briefkästen, auffällige Haustüren oder außergewöhnliche Pflanzen.

- Gehen Sie bei der Erkundung der Gegend auf die Kinder ein und passen Sie das Tempo entsprechend an: Es geht darum, sich aufmerksam und bewusst umzuschauen und zu orientieren.

- Machen Sie während des Spaziergangs Fotos von markanten Gebäuden, Plätzen, Kreuzungen, Bäumen usw., die die Kinder entdecken und die gut zur Orientierung geeignet sind.

- Im Anschluss an den Ausflug erzählen die Kinder, was sie entdeckt haben. Es ist sinnvoll, möglichst viel davon aufzuschreiben.

- Drucken Sie die Fotos aus und lassen Sie die Kinder berichten, wo diese markanten Punkte zu finden sind und wie sie sie zur Orientierung nutzen.

Tipps:

- Aus diesem Erkundungsgang kann sich ein Projekt zum Thema „Unser Dorf" bzw. „Unser Stadtteil" entwickeln, das den Kindern ihren Wohn- und Lebensort näher bringt. Ganz nebenbei erfahren sie auf diese Weise auch die räumliche (und damit zeitliche) Ausdehnung ihres Ortes.

- Die Fotos der markanten Orientierungspunkte können Sie auch für die Aktivität „Ein Wandbild unserer Umgebung" (S. 124) verwenden.

Unsere Umgebung auf der Karte

In der Geschichte werden die Kinder aktiv und suchen in der Siedlung das Zuhause des kleinen Hundes. Oft kennen sich Kinder in ihrer Gegend kaum aus, da sie keinerlei Möglichkeit zur eigenständigen Erkundung haben. Sie gehen meist nur dieselben Wege zum Einkaufen und zu Freunden.

So geht's:

- Nachdem die Kinder bereits einen Ausflug gemacht und verschiedene markante Orientierungspunkte kennengelernt haben, bitten Sie sie zu beschreiben, wo sie wohnen.

- Zeigen Sie den Kindern zuerst eine Landkarte, auf der sie ihren Wohnort entdecken können. So können sie erkennen, dass ihr Dorf/ihre Stadt Teil eines großen Landes ist.

- Die Kinder nennen andere Orte, an denen Verwandte leben oder wo sie schon waren. Falls möglich, zeigen Sie diese Orte auf der Landkarte.

- Stellen Sie nun die Frage, wo der Kindergarten auf der Landkarte zu finden ist. Erklären Sie den Kindern, dass die Landkarte dafür zu grob ist und es auch detailliertere Karten gibt, auf denen nur ein Ort/Stadtteil abgebildet ist.

- Legen Sie nun den vergrößerten Ortsplan/Stadtplanausschnitt in die Mitte.

- Die Kinder sollen selbst versuchen, eine Straße oder ein Gebäude zu erkennen. Unterstützen Sie sie dabei, indem Sie sie nach der Kirche fragen, da diese am einfachsten zu finden ist. Von dort aus können sich die Kinder weitertasten.

- Vor allem jüngere Kinder können das eindimensionale Bild des Ortsplans/Stadtplans noch nicht in die Realität übertragen. In diesem Fall zeigen Sie ihnen, wo sich der Kindergarten auf dem Plan befindet, und gehen vorerst nicht weiter darauf ein.

- Erkunden Sie nun mit dem Ortsplan/Stadtplan die nähere Umgebung der Einrichtung gemeinsam mit den Kindern.

- Zeigen Sie den Kindern immer wieder auf dem Plan, wo sie sich gerade befinden, damit sie die Übertragung der Realität auf der Karte nachvollziehen können.

- Unterwegs können die Kinder schwerpunktmäßig verschiedene Schilder betrachten: Straßennamen, Hausnummern usw., die Sie ihnen vorlesen. Evtl. kennen Vorschulkinder schon einzelne Buchstaben und Zahlen.

Thema:
Wo leben wir?

Kompetenzbereiche:
sich im näheren Umfeld orientieren, sich als Teil eines Ganzen wahrnehmen

Angrenzende Bildungsbereiche:
Sprache und Literacy, Forschen und entdecken

Kinder:
6–8

Schwierigkeitsgrad:
★ ★ ★ ★ ☆

Vorbereitung:
5 Min.

Aktivität:
10 Min., 60 Min.

Material:
Landkarte, vergrößert kopierter Ortsplan/Stadtplan der nächsten Umgebung

Thema:
Mein Zuhause

Kompetenzbereiche:
sich im näheren Umfeld
orientieren, sich als Teil eines
Ganzen wahrnehmen

**Angrenzende
Bildungsbereiche:**
Forschen und entdecken,
Kreativität und Musik

Kinder:
4–6/25

Schwierigkeitsgrad:
★ ★ ★ ★ ☆ ☆

Vorbereitung:
5 Min.

Aktivität:
30 Min.

Material:
Plakat, Klebeband, Ortsplan,
Fotos von „Wir erkunden
unsere Umgebung" (S. 122),
Buntstifte, Farben, Pinsel,
Tonpapier, doppelseitiges
Klebeband

Material pro Kind:
Fotokarton (ca. 5 x 10 cm),
Schere

Ein Wandbild unserer Umgebung

Nachdem die Kinder bei Erkundungsausflügen die nähere Umgebung der
Einrichtung bereits kennengelernt und sich mit dem Ortsplan auseinander-
gesetzt haben, können sie nun selbst versuchen, eine Wandkarte der
Umgebung zu gestalten.

So geht's:

- Reflektieren Sie mit den Kindern nochmals ihre Erfahrungen bei den
  Erkundungen der Umgebung.

- Schlagen Sie vor, selbst einen großen Ortsplan zu erstellen, in den sie
  die Fotos des Erkundungsgangs (siehe S. 122) einkleben können.

- Befestigen Sie das große Papier an einer Wand.

- Bitten Sie nun einige Kinder als Zeichner um ihre Hilfe, um den Ortsplan
  gemeinsam mit Ihnen grob auf das Plakat zu übertragen.

- Der Plan sollte so gestaltet werden, dass er deutlich und verständlich ist.

- Nun kommen die Fotos des Erkundungsgangs zum Einsatz: Die Kinder
  kleben die Bilder mit einem Stück doppelseitigen Klebeband an die
  Stellen des Plans, wo sich die markanten Punkte in der Realität befinden.

- Fragen Sie die Kinder, ob sie auf dem Plan auch erkennen können, wo sie
  wohnen. Vielleicht finden es einige Kinder heraus. Die meisten werden
  ihren Wohnort nicht zuordnen können. Schlagen Sie vor, bei den nächsten Ausflügen in die Umgebung die Wohnorte der Kinder aufzusuchen.

- Regen Sie an, dass jedes Kind nun ein „Ich" gestaltet, mit dem es sich
  selbst darstellt und das dann später auf dem Ortsplan den Wohnort des
  Kindes markieren wird.

- Jedes Kind malt ein kleines Bild von sich auf Tonpapier und schneidet
  es aus. Es stellt sich dar, wie es sich sieht und wie es will. Die Größe des
  Bildes ist von der Größe des Wandbildes abhängig.

- Der Name des jeweiligen Kindes sollte auf die Rückseite geschrieben
  werden, damit es später zu keinen Verwechslungen kommt.

- Die Figuren finden ihre Verwendung bei der Aktivität „Hier wohne ich"
  (S. 125).

Hier wohne ich

Nachdem die Kinder schon gemeinsam einige Ausflüge in die Umgebung des Kindergartens unternommen und einiges über Orts-/Stadtpläne erfahren haben, erkunden sie nun die Wege aller Kinder vom Kindergarten nach Hause. Informieren Sie vorab die Eltern von dieser Aktion und teilen Sie ihnen den entsprechenden Termin mit, damit möglichst jemand zu Hause ist.

Falls das Einzugsgebiet Ihres Kindergartens sehr groß ist, können Sie vielleicht nicht alle Wohnorte zu Fuß erreichen. Diese Kinder können evtl. selbst ein Foto von ihrem Zuhause mitbringen und den Weg beschreiben.

So geht's:

- Planen Sie gemeinsam mit den Kindern über einen längeren Zeitraum regelmäßige kleine Ausflüge zu den Wohnhäusern aller Kinder.

- Suchen Sie nun gemeinsam der Reihe nach die Häuser der Kinder auf. Wählen Sie dabei möglichst den Weg, den das jeweilige Kind auch selbstständig zum Kindergarten und nach Hause nimmt. Besuchen Sie, je nach Situation, maximal zwei bis drei Kinder pro Tag.

- Bei einem Wohnhaus angekommen, klingelt das jeweilige Kind bei seinem eigenen Zuhause. So sehen alle Kinder, wo sich die Glocke befindet – eine wichtige Information für eventuelle spätere Besuche.

- Es wäre schön, wenn jemand die Tür öffnet und vielleicht sogar eine kleine Leckerei für die Kinder bereithält.

- Machen Sie jeweils ein Foto des Hauses – am besten mit dem Kind, das dort wohnt.

- Auch bei diesen Spaziergängen besichtigen die Kinder unterwegs das Dorf/die Stadt. An welchen Gebäuden und sonstigen wichtigen Punkten kommen sie vorbei?

- Fotografieren Sie alles, was den Kindern unterwegs wichtig ist. Das kann ein Gebäude sein, ein Laden, eine Baustelle, aber z.B. auch ein großer Stein, auf den ein Kind immer gerne klettert.

- Nach jedem Besuch eines Wohnhauses wird die Adresse im großen Wandbild (S. 124) eingetragen und das Foto des Hauses aufgeklebt.

- Zum Schluss klebt jedes Kind sein selbst gestaltetes „Ich" (siehe S. 124) auf das Wandbild.

Variante:

Statt der selbst gestalteten „Ichs" können die Kinder auch ein Foto von sich ausschneiden und auf das Wandbild kleben.

Tipps:

- Jedes Kind kann für sein Portfolio eine Seite über sein Zuhause gestalten, auf dem es seine Familienmitglieder und weitere Mitbewohner vorstellt. Es kann auch dazu erzählen, was ihm daran gut und weniger gut gefällt.

- Regen Sie jedes Kind an, den Weg von zu Hause zum Kindergarten zu malen. Schreiben Sie anschließend die Wegbeschreibung des Kindes dazu.

Thema:
Mein Zuhause

Kompetenzbereiche:
sich im näheren Umfeld orientieren, Selbstbewusstsein entwickeln

Angrenzender Bildungsbereich:
Forschen und entdecken

Kinder:
25

Schwierigkeitsgrad:
★ ☆ ☆ ☆ ☆

Vorbereitung:
–

Aktivität:
mehrere Ausflüge à 60 Min.

Material:
Adressen der beteiligten Kinder, Fotoapparat, Fotopapier, Drucker, Wandbild (siehe S. 124), Klebstoff

Material pro Kind:
Rucksack mit Brotzeit und Getränk

Miteinander leben

Thema:
Zuhause

Kompetenzbereiche:
Feinmotorik und Wahrnehmung
weiterentwickeln, Kreativität
entfalten

**Angrenzender
Bildungsbereich:**
Kreativität und Musik

Kinder:
6 – 8

Schwierigkeitsgrad:
★ ☆ ☆ ☆ ☆ ☆

Vorbereitung:
5 Min.

Aktivität:
20 Min.

Material:
mehrere Kopien der
Gestaltungsvorlagen „Haus /
Hochhaus" (S. 127 / 128) auf
Tonpapier, Pappschachteln,
Toilettenpapierrollen, Papier,
Buntstifte, Klebstoff, eine
große Platte (mind. 1 x 1 m)

Material pro Kind:
Schere

Unser Schachteldorf

Die Kinder haben sich in mehreren Aktivitäten mit ihrer Umgebung und
ihrem Zuhause beschäftigt. Sie haben erfahren, wo und wie die einzelnen
Kinder der Gruppe wohnen und wie ihr Weg zum Kindergarten verläuft. Als
abschließende Gemeinschaftsarbeit erstellt jedes Kind ein Haus, sodass
daraus zusammen ein „Dorf" entsteht.

So geht's:

- Schlagen Sie den Kindern vor, ein kleines Dorf aus Schachtelhäusern zu
  bauen. Wenn jedes Kind ein Haus gestaltet und zum Schluss alle Häuser
  zusammen aufgestellt werden, entsteht ein kleines Dorf.
- Bieten Sie den Kindern die kopierten Häuservorlagen (S. 127 / 128) sowie
  verschiedene Pappschachteln und Papier an, aus denen sie selbst
  Häuser entwerfen können.
- Jedes Kind erstellt nun mithilfe der vorhandenen Materialien ein individu-
  elles Haus: Sie können es nach Wunsch schneiden, falten, kleben und
  bemalen.
- Legen Sie als Untergrund für das Dorf eine große Platte bereit.
- Jedes Kind berichtet, warum sein Haus genau so aussieht. Danach stellt
  es das Haus auf die Platte.

Variante:

Zeichnen Sie das Straßennetz Ihres Ortes / Ihres Stadtteils auf die Platte,
sodass die Kinder ihr Haus an ihre eigene Adresse stellen können.

Tipp:

Die Landschaft um das Schachteldorf herum können die Kinder (wie bei
einer Modelleisenbahn) mit Gras und Bäumen weiter ausgestalten.

Gestaltungsvorlage: Haus

✂

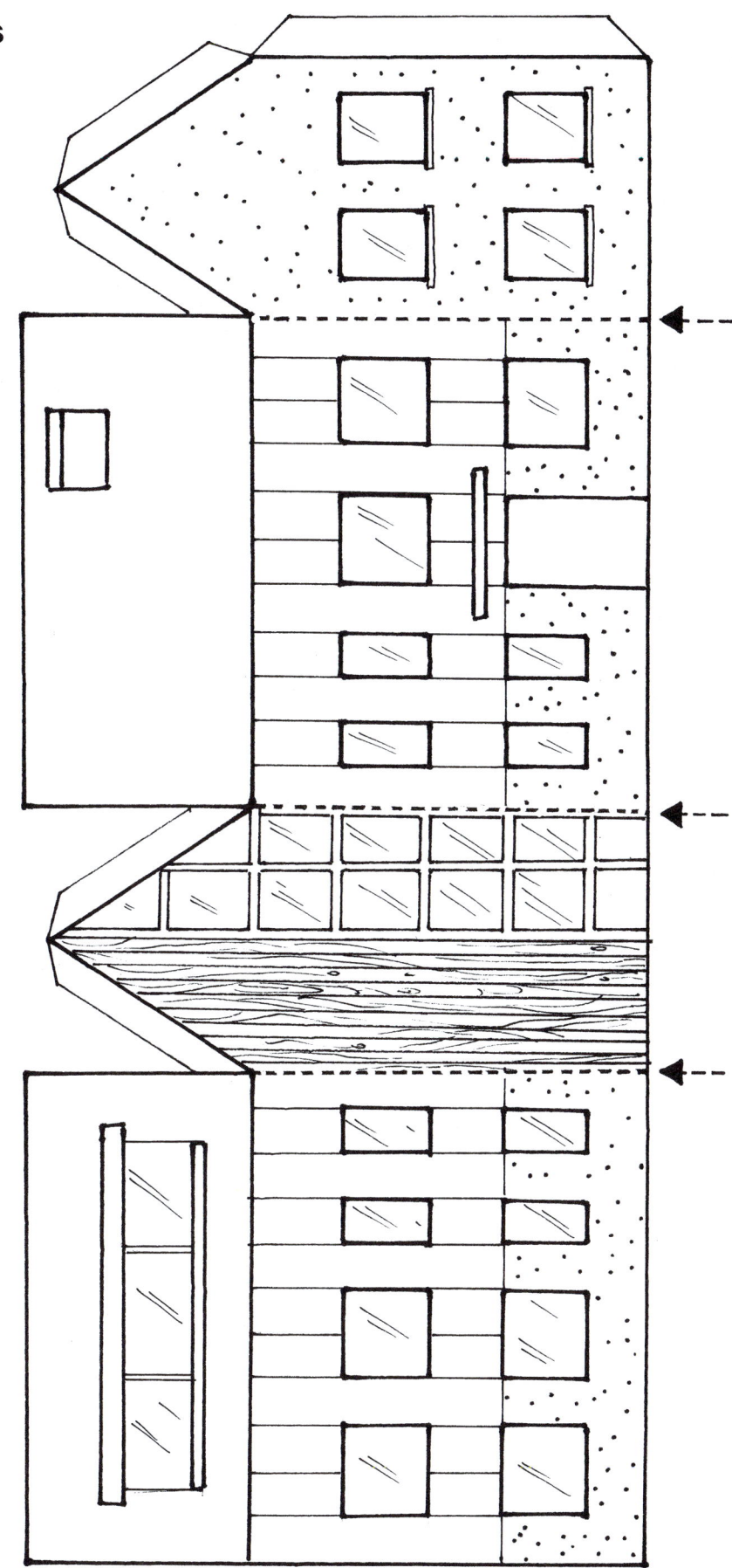

Gestaltungsvorlage:
Hochhaus

✂

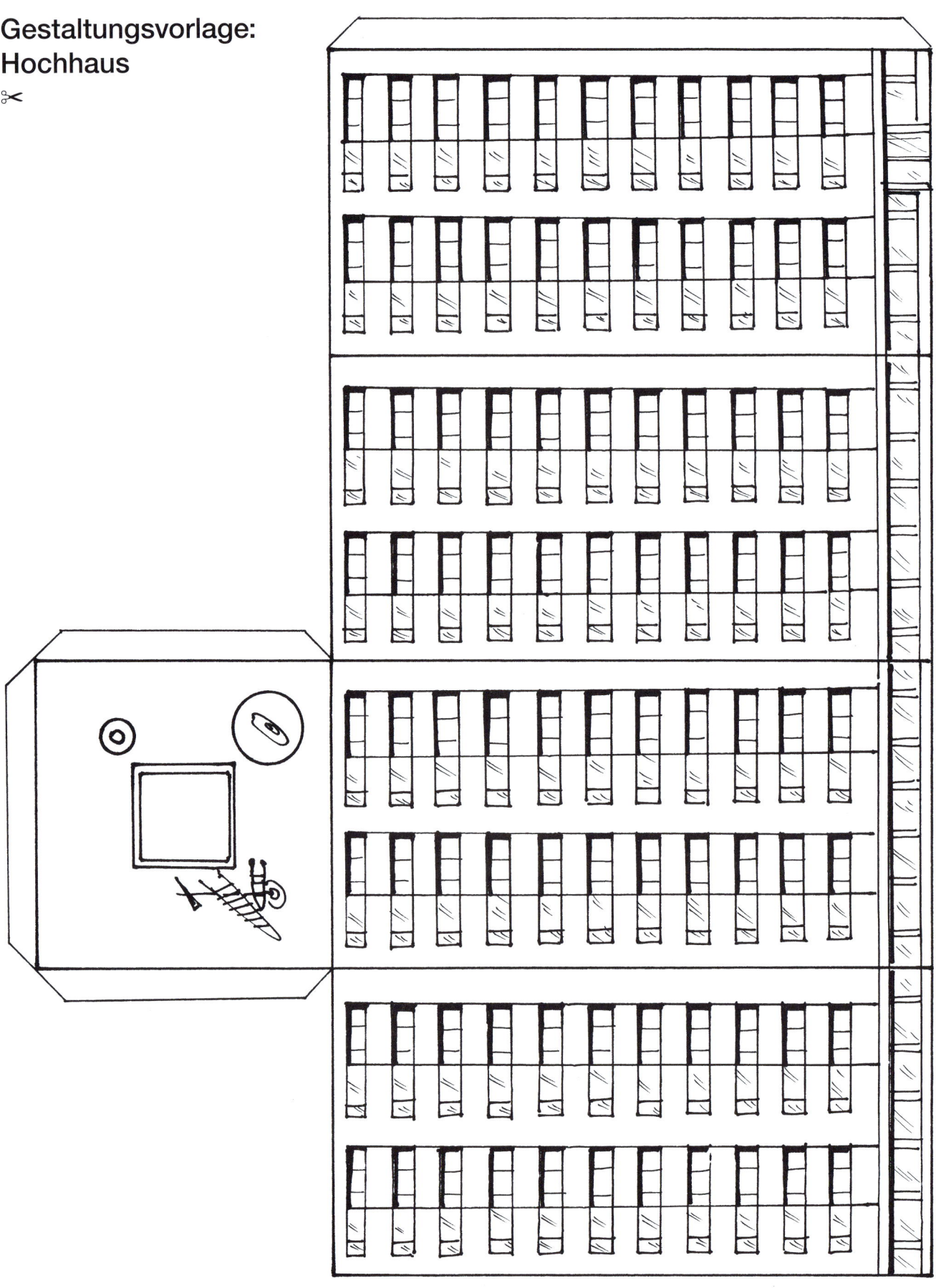